일본어문형 체계와 연구

김정미 저

제이앤씨
Publishing Company

주지하는 바와 같이 일본어 문형은 다양한 표현을 구사하는데 있어서 더할 나위 없이 중요한 학습 요소 중의 하나이다. 많은 단어를 숙지하고, 문법에 해박한 지식을 갖고 있고, 의미를 알고 있다하더라도, 문형의 체계를 명확히 파악하여 사용하지 못한다면, 원활한 언어소통을 기대하기 힘들다. 본서는 다양하고 복잡한 양상을 가진 문형을 명확히 이해하고 활용하기 위해 심혈을 기울여 저술했으며, 다음과 같은 체제로 구성되어 있으니 반드시 숙지하고 참고하기 바란다.

❶ 지금까지의 표현사전이나 문형사전에 보이는 단편적이 기술이나, 해설에서 벗어나 文, 節의 의미, 기능, 용법과 관련된 형식이라는 넓은 틀 안에서 파악하여, 문형이 각 장면이나 문맥 중에 어떻게 쓰이고 있는지에 중점을 두고 서술하였다.

❷ 우리말에 있어 해석상으로는 같지만 그 뉘앙스가 전혀 다른 의미로 쓰이는 것들이 많아 혼동하기 쉬운데, 그 뉘앙스의 의미를 명확히 파악할 수 있는 표현문장을 제시하여 다양한 의미를 자연스럽게 습득할 수 있게 했다.

❸ 문형을 각 품사별 접속형에 따라 분류하여 설명하여 문법적인 지식을 함께 숙지할 수 있도록 하였다.

❹ 딱딱한 해설을 통한 설명이 아닌, 풍부한 예문을 통해 문형이 쓰임새를 명확히 파악하고 분석하며 학습하도록 하였다.

1

❺ 예문의 내용도 일상생활과 밀접하게 관련된 것으로, 다양한 측면에서의 활용이 가능하도록 하였다.

❻ 모든 문형은 「です・ます」体를 기본으로 하며, 漢字는 常用漢字의 범위를 넘지 않도록 하였다.

❼ 예문에 사용된 어휘는 일상생활에서 사용 빈도수가 높은 것, 예문내용은 일상생활과 관련된 것으로 회화 실력을 향상시키도록 구상하였다.

❽ 문형예문의 품사는 명사 → 동사 → 형용사 →ナ형용사 순으로 배열하였다.

모쪼록 본서가 문형의 구조, 문형의 사용장면, 유의 표현의 사용법 등 일본어 문형을 체계적으로 터득할 수 있는 계기가 되었으면 하는 마음 간절하다.

2009년 저자

목 · 차

今はこれしか食べるものがありません。

1 今はこれしか食べるものがありません。
지금은 이것 밖에 먹을 것이 없습니다.

2 財布にはお金がこのぐらいしか残っていません。
지갑에는 돈이 이 정도 밖에 남아있지 않습니다.

3 冬には果物が高くしかないですね。
겨울에는 과일이 비쌀 수밖에 없군요.

4 忘れ物をして家に引き返すしかなかったです。
잊은 물건이 있어 집에 되돌아 갈 수밖에 없었습니다.

5 世の中にたった一つしかない大事なものです。
세상에 단 하나 밖에 없는 귀중한 물건입니다.

6 材料が足りなかったので、小さくしか作れませんでした。
재료가 모자라서 작게 밖에 만들 수 없었습니다.

문형설명

동사원형+しか, 형용사 く+しか, ナ형용사 に+しか, 명사+しか에 접속한다.
어쩔 수 없이 그렇게 되어 달리 방법이 없음을 나타낸다.

信じる →	信じるしか	믿을 수밖에
親しい →	親しくしか	친하게 밖에
親切だ →	親切にしか	친절하게 밖에
一日 →	一日しか	하루 밖에

7 レポートの締め切りまでは後、1時間**しか**ありません。

레포트 마감까지는 앞으로 1시간 밖에 없습니다.

8 このことは彼女がしたこと**としか**思えません。

이 일은 그녀가 한 짓이라고 밖에 생각할 수 없습니다.

9 この話は家族の中で母に**しか**言ってないことです。

이 얘기는 가족 중에 엄마에게 밖에 말하지 않은 것입니다.

10 車が故障してここからは歩いて行く**しか**ありませんね。

차가 고장 나서 여기부터는 걸어 갈 수밖에 없네요.

11 この店は30分後には閉店だから、今の時間**しか**入れません。

이 가게는 30분 후에는 닫으니까 지금 시간 밖에 들어갈 수 없습니다.

12 いくら考えても犯人はあの人**としか**思えないです。

아무리 생각해도 범인은 저 사람이라고 밖에 생각할 수 없습니다.

단어힌트 🔍

마감	締め切り	고장	故障
폐점	閉店	범인	犯人

私にだけでも話した方がいいと思います。

1 私にだけでも話した方がいいと思います。
　나에게 만이라도 얘기하는 편이 좋을 겁니다.

2 その件に関してはできるだけ早く解決するように努力いたします。
　그 건에 관해서는 가능한 한 빨리 해결하도록 노력하겠습니다.

3 今日は私がおごりますから、好きなだけ食べてもいいです。
　오늘은 제가 한턱 낼 테니까 원하는 만큼 먹어도 좋습니다.

4 デザインが気に入って、ただ値段を聞いてみただけです。
　디자인이 맘에 들어 단지 가격을 물어 봤을 뿐입니다.

5 私の人生を振り返ってみると、苦労しただけに喜びも大きかったです。
　내 인생을 뒤돌아보니 고생한 만큼 기쁨도 컸습니다.

6 忙しいからあいさつは省略して、早く用件だけ言いなさい。
　바쁘니까 인사는 생략하고 빨리 용건만 말하세요.

문형설명

동사・형용사원형+だけ, ナ형용사 ナ+だけ에 접속하며「〜만, 할(뿐)」의 한정의 의미를 나타낸다.
「〜한 만큼」은 동작과 상태・예상・사물 등에 있어서 그에 준하는 정도를 한정한다.

行く	→ 行くだけ	가는 만큼
おいしい	→ おいしいだけ	맛있는 만큼
好きだ	→ 好きなだけ	좋아하는 만큼
私	→ 私だけ	나만큼

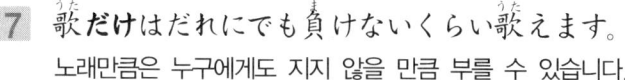

7 歌だけはだれにでも負けないくらい歌えます。
　　노래만큼은 누구에게도 지지 않을 만큼 부를 수 있습니다.

8 兄弟の中、兄だけが父の誕生日を覚えていました。
　　형제 중에서 형만이 아버지 생일을 기억하고 있었습니다.

9 あの映画は一回見ただけではさっぱり分かりません。
　　저 영화는 한번 본 것만으로는 전혀 모릅니다.

10 彼とは昔一度会っただけで、今まで全然連絡がなかったです。
　　그와는 옛날 한번 만났을 뿐, 지금까지 전혀 연락이 없었습니다.

11 製品の品質がよくないだけ、売れないのは当たり前です。
　　제품의 품질이 좋지 않은 만큼, 팔리지 않는 것은 당연합니다.

12 肩書だけで人を判断してはいけません。人格が何より大切です。
　　직함만으로 사람을 판단해서는 안 됩니다. 인격이 무엇보다 중요합니다.

단어힌트 🔍

지지 않다	負けない	당연하다	当たり前だ
전혀	さっぱり	직함	肩書
연락	連絡	판단하다	判断する

ダイエットした後、体重が5キロばかり減りました。

1 ダイエットした後、体重が5キロ**ばかり**減りました。
다이어트를 한 후 체중이 5kg정도 줄었습니다.

2 駅で1時間**ばかり**待つと、彼女がのろのろと歩いて来ました。
역에서 1시간정도 기다리자, 그녀가 느릿느릿 걸어왔습니다.

3 息子は一人でも自分のことができる**ばかり**大きくなりました。
아들은 혼자서도 자신의 일을 할 수 있을 만큼 컸습니다.

4 主人はいつも文句**ばかり**言って、何も手伝ってくれません。
남편은 늘 불평만하고, 아무것도 도와주지 않습니다.

5 あの選手は背が高い**ばかり**で、チームに何の役にも立ちません。
저 선수는 키가 클 뿐, 팀에게 아무런 도움도 안 됩니다.

6 父は私の結婚について聞いて**ばかり**いました。
아버지는 내 결혼에 대해 듣고만 있었습니다.

문형설명

동사·형용사원형+ばかり、ナ형용사 な+ばかり에 접속한다.
「~쯤」은 대략적인 수량의 정도, 또는 동작과 상태의 비유.
「~뿐(만)」은 동작과 상태의 정도를 한정한다.

見る	→ 見るばかり	볼 뿐
広い	→ 広いばかり	넓을 뿐
きれいだ	→ きれいなばかり	예쁠 뿐(만큼)

7 今まであの子が小学生だと**ばかり**思っていました。
지금까지 저 아이가 초등학생이라고만 생각하고 있었습니다.

8 病院に行ったら悪い所が足**ばかり**ではなかったです。
병원에 가보니 나쁜 곳이 다리뿐만이 아니었습니다.

9 私は食べる**ばかり**で、何の能もない人間です。
나는 먹기만 하고 아무런 능력도 없는 인간입니다.

10 おなかが痛い**ばかり**か、頭まで痛くなってきます。
배가 아플 뿐만 아니라, 머리마저 아파옵니다.

11 人生で金をもうける**ばかり**が、能ではありません。
인생에서 돈을 버는 것만이 능사는 아닙니다.

12 泣いて**ばかり**いないで、私には正直に話したらどうですか。
울고만 있지 말고, 나에게는 솔직하게 말하는 게 어때요?

단어힌트 🔍

능력도 없다 能もない	능사는 아니다 能ではない
돈을 벌다 金をもうける	

第4課

スキー場はここから4キロほど離れています。

1 スキー場はここから4キロほど離れています。
스키장은 여기에서 4km 정도 떨어져 있습니다.

2 宿泊は3泊4日で、費用は3万円ほどかかると思います。
숙박은 3박 4일로, 비용은 3만엔 정도 들 겁니다.

3 先生の質問に答えられなくて、
顔から火が出るほど恥ずかしかったです。
선생님 질문에 대답하지 못해, 얼굴에서 불이 날 정도로 부끄러웠습니다.

4 私には猫の額ほどの庭ではありますが、とても幸せです。
저에게는 아주 작은 정원입니다만, 정말 행복합니다.

5 先週からセールの期間なので、目が回るほど忙しいです。
지난주부터 세일기간이어서 눈이 돌 정도로 바쁩니다.

6 お金なら一生使いきれないほど持っています。
돈이라면 평생 다 쓸 수 없을 만큼 갖고 있습니다.

문형설명

동사·형용사원형+ほど, ナ형용사 な+ほど 등에 접속한다.
「~정도(로)」「~(하는/한)만큼」의 의미로 대략적인 수량, 혹은 비교의 기준이 되는 정도를 나타낸다.

死ぬ	→ 死ぬほど	죽을 만큼
長い	→ 長いほど	길 만큼
好きだ	→ 好きなほど	좋아하는 만큼

12

7　その話なら耳にたとができる**ほど**聞かされました。
그 얘기라면 귀에 못이 박히도록 들었습니다.

8　子供の生活は目もあてられない**ほど**惨状です。
어린이의 생활은 차마 눈뜨고 볼 수 없을 정도의 참상입니다.

9　このにせ物は本物と区別しにくい**ほど**よくできてます。
이 가짜는 진짜와 구별하기 어려운 정도로 잘 만들어져 있습니다.

10　会社の倒産はうわさのように、それ**ほど**ひどい状態ではありません。
회사의 도산은 소문처럼 그 정도로 심각한 상태는 아닙니다.

11　優勝の話を聞いて、涙が出る**ほど**うれしかったです。
우승 얘기를 듣고 눈물이 날 정도로 기뻤습니다.

12　手術の後、頭はあいかわらず痛いけれども、

　　我慢できない**ほど**ではありません。
수술 후 머리는 여전히 아프지만 참지 못할 정도는 아닙니다.

단어힌트 🔍

참상	惨状	가짜	にせ物
진짜	本物	도산	倒産
참지 못하다	我慢できない		
귀에 못이 박히다	耳にたとができる		
차마 눈뜨고 볼 수 없을 정도	目もあてられないほど		

この作業は一日くらいはかかろう(か)と思います。

1 この作業は一日くらいはかかろう(か)と思います。

이 작업은 하루정도는 걸릴거라 생각합니다.

2 犯人の身長は175cmぐらいで、やせたタイプです。

범인의 신장은 175cm정도이고, 마른 타입입니다.

3 今日ぐらい忙しかったことはあったでしょうか。

오늘만큼 바빴던 적이 있었을까요?

4 これぐらいのお金なら私も持っています。

이 정도의 돈은 나도 갖고 있습니다.

5 風邪ぐらいは我慢してもいいと思う人が多いようです。

감기정도는 참아도 괜찮다고 여기는 사람이 많은 것 같습니다.

6 両親にとって子供は目に入れても痛くないぐらいかわいいでしょう。

부모에게 있어 자식은 눈에 넣어도 아프지 않을 정도로 귀엽지요.

🔲 문형설명

명사·형용사·조동사원형+くらい(ぐらい)에 접속하며,「～하는(한)만큼(정도·쯤)」의 의미로 대략적인 수량, 최고의 정도, 최저의 한도 등을 나타낸다.

減る	→ 減るくらい	줄어드는 만큼
珍しい	→ 珍しいくらい	드문 만큼(드문 정도로)
確だ	→ 確なくらい	확실한 만큼(확실한 정도로)

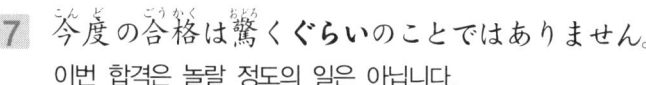

7 今度の合格は驚くぐらいのことではありません。
이번 합격은 놀랄 정도의 일은 아닙니다.

8 彼ぐらい速く走れる人はたぶんいないでしょう。
그 만큼 빨리 달릴 수 있는 사람은 아마 없겠지요?

9 これぐらいのお水で一日の生活ができますか。
이 정도의 물로 하루 생활이 가능합니까?

10 あなたぐらい背が高かったら、私はモデルになったと思います、
당신만큼 키가 컸다면, 나는 모델이 되었을 겁니다.

11 穴があったら入りたいぐらい恥ずかしいです。
구멍이 있으면 들어가고 싶을 정도로 부끄럽습니다.

12 この商品に詳しい人は3人ぐらいいます。
이 상품에 상세한 사람은 3명 정도 있습니다.

단어힌트 🔍

놀라다	驚く	달릴 수 있다	走れる
모델	モデル	구멍	穴

毎日この本を10回ずつ読んでごらんなさい。

1　毎日この本を10回ずつ読んでごらんなさい。
　　매일 이 책을 10회씩 읽어보세요.

2　薬は少しずつその量を減らしてください。
　　약은 조금씩 그 양을 줄이세요.

3　発表は一人ずつ前に出て話してください。
　　발표는 한사람씩 앞에 나와서 얘기해주세요.

4　ペンは一人に3本ずつ配ります。
　　펜은 한사람에 3자루씩 나누어 드립니다.

5　一ヶ月に3万円ずつ貯金して、もう100万円になりました。
　　1개월에 3만엔씩 저금해서, 벌써 100만엔이 되었습니다.

6　いつの間にか日が暮れて、少しずつ前が見えなくなりました。
　　어느 샌가 날이 저물어 조금씩 앞이 보이지 않게 되었습니다.

문형설명

명사＋ずつ, 부사＋ずつ에 접속하며, 「〜씩」일정한 양을 할당하거나 반복하는 의미이다.

| 一人 | → | 一人ずつ | 한사람씩 |
| 少し | → | 少しずつ | 조금씩 |

7 英語の勉強が少しずつ楽しくなりました。
영어공부가 조금씩 즐거워졌습니다.

8 カードを一枚ずつめくると、最後にはハートが出るでしょう。
카드를 한 장씩 넘기면, 마지막에는 하트가 나오겠지요.

9 日本に来て10ヶ月が過ぎました。少しずつ日本語が聞こえるようになりました。
일본에 와서 10개월이 지났습니다. 조금씩 일본어가 들리게 되었습니다.

10 田舎の生活も少しずつ慣れて、今は都会には戻りたくありません。
시골생활도 조금씩 익숙해져, 지금은 도시에는 돌아가고 싶지 않습니다.

11 運動場に10人ずつ列を並べてだれかを待っています。
운동장에 10명씩 줄을 서서 누군가를 기다리고 있습니다.

12 退院してからもしばらく毎日30分ずつ運動を続けなければなりません。
퇴원하고 나서도 당분간 매일 30분씩 운동을 계속해야합니다.

단어힌트 🔍

| (카드 등을)넘기다 | めくる | 도회지·도시 | 都会 |
| 줄을 서다 | 列を並べる | 퇴원 | 退院 |

今日は雨も降るし、風も強く吹きますね。

1 今日は雨も降る**し**、風も強く吹きますね。
오늘은 비도 내리고, 바람도 세게 부는군요.

2 彼女は性格も明るい**し**、才能もあります。
그녀는 성격도 밝고, 재능도 있습니다.

3 図書館に行くと、本も読める**し**、貸し出しもできます。
도서관에 가면 책도 읽을 수 있고, 대출도 가능합니다.

4 ここは交通も便利だ**し**、家賃も安いです。
여기는 교통도 편리하고, 집세도 쌉니다.

5 買いたい本はたくさんある**し**、お金はない**し**、困ったんですね。
사고 싶은 책은 많이 있고, 돈은 없고, 곤란하네요.

6 お酒も飲まない**し**、たばこも吸わない生活が続いています。
술도 마시지 않고, 담배도 피지 않는 생활이 계속되고 있습니다.

📁 문형설명

명사·형용사·ナ형용사원형+し에 접속하며, 「〜하고」의 의미이며, 동시적인 두 가지 사실을 열거하거나, 대립되는 사실을 나타낸다.

買う	→ 買うし	사고
安い	→ 安いし	싸고
上手だ	→ 上手だし	능숙하고

7 明日はテストもあるし、レポートの提出もあるし、忙しいでしょう。

내일은 테스트도 있고, 레포트 제출도 있고 바쁘겠네요.

8 今日は仕事も済んだし、これから一杯どうですか。

오늘은 일도 끝났고, 지금부터 한잔 어떠세요?

9 日は暮れるし、泊まる所もないし、大変ですね。

날은 저물고, 묵을 곳은 없고 큰일이네요.

10 これはデザインが気に入るし、あれはカラーが気に入るし、どうしましょうか。

이것은 디자인이 맘에 들고, 저것은 컬러가 마음에 들고, 어떻게 하지요?

11 田舎は空気もいいし、景色もきれいだし、いいことばかりです。

시골은 공기도 좋고, 경치도 아름답고, 좋은 것뿐이네요.

12 新しい家は日当たりもいいし、風通しもいい最適の所です。

새집은 햇볕도 잘 들고, 통풍도 잘되는 최적의 장소입니다.

단어힌트 🔍

(일 등이) 끝나다	済む	햇볕이 잘 들다	日当たりがいい
통풍	風通し	최적이다	最適だ

スーパーに行くついでに、悪いけどこれも頼みます。

1 スーパーに行くついでに、悪いけどこれも頼みます。
슈퍼에 가는 김에 미안하지만, 이것도 부탁합니다.

2 図書館に行くついでに、散歩でもするのはいかがですか。
도서관에 가는 김에 산보라도 하는 건 어떨까요?

3 たばこを止めるついでに、酒まで止めることにしました。
담배를 끊는 김에 술까지 끊기로 했습니다.

4 部屋の掃除をするついでに、家の大掃除をしようと思います。
방청소를 하는 김에 집안 대청소를 하려고 합니다.

5 ひさしぶりに会ったついでに、一緒に映画でも見に行きませんか。
오랜만에 만난 김에 함께 영화라도 보러 갈래요?

6 会社に行かないついでに、今日たまった家事をするつもりです。
회사에 가지 않는 김에 오늘은 밀린 집안일을 할 생각입니다.

문형설명

동사원형(과거형), 조동사, ~ない, ~た에 접속하며, 하나의 동작을 함과 아울러 겸사겸사해서 다음의 동작을 한다는 의미이다.

会う	→ 会ったついでに	만난 김에
行かない	→ 行かないついでに	가지 않는 김에
出張	→ 出張のついでに	출장 (간) 김에

7 立ったついでに、電灯も消してくれたらいいですね。
일어난 김에 불도 꺼주면 좋겠네요.

8 九州へ出張のついでに、ひさしぶりに友だちも会って来ました。
규슈로 출장 간 김에 오랜만에 친구도 만나고 왔습니다.

9 言いにくいけど、話が出たついでに、もう一言言いたいです。
말하기 힘들지만 얘기가 나온 김에 한마디 더 하고 싶습니다.

10 会議の資料のコピーをするついでに、私のもお願いします。
회의 자료를 복사를 하는 김에 내 것도 부탁합니다.

11 デパートに行くついでに、母のプレゼントも買ったほうがいいですね。
백화점에 간 김에 엄마 선물도 사는 게 좋겠네요.

12 新製品の説明会を開催するついでに、サンプルも配るのはいかがですか。
신제품 설명회를 개최하는 김에 샘플도 나누어 주는 것은 어떨까요?

단어힌트

| (전등)불 | 電灯 | 신제품 | 新製品 |
| 개최하다 | 開催する | 나누어주다 | 配る |

日本へ到着次第、すぐ葉書を出します。

1 日本へ到着次第、すぐ葉書を出します。
일본에 도착하는 대로 곧 엽서 띄우겠습니다.

2 課長が戻り次第、こちらからお電話いたします。
과장이 돌아오는 대로 저희 쪽에서 전화 드리겠습니다.

3 8時の公演は準備ができ次第始めます。
8시 공연은 준비가 되는 대로 시작하겠습니다.

4 出張先から帰り次第、すぐ連絡するようにします。
출장지에서 돌아오는 대로 곧 연락하도록 하겠습니다.

5 人生の幸せは考え方次第で、お金ではないと思います。
인생의 행복은 사고방식 나름으로, 돈은 아니라고 생각합니다.

6 試合で勝つか負けるかはあなたの腕次第です。
시합에서 이길지 질지는 당신 실력에 달려있습니다.

문형설명

동사ます형+次第에 접속하며, 「~하는 대로」의 의미이다.
명사+次第의 경우는 「~나름이다 ~에 달려있다」로 해석된다.

起きる →	起き次第	일어나는 대로
やる気 →	やる気次第	마음먹기 나름
点数 →	点数次第	점수에 달려있다

7 作物の出来具合いはこの夏の天気次第です。
작물의 작황상황은 올 여름의 날씨에 달려있습니다.

8 できるかどうかはあなたのやる気次第です。
가능할지 어떨지는 당신 마음먹기에 달려있습니다.

9 彼が起き次第、私に来るように伝えてください。
그가 일어나는 대로 내게 오도록 전해주세요.

10 会議が終り次第、こちらからお電話いたします。
회의가 끝나는 대로 제 쪽에서 전화 드리겠습니다.

11 行くか行かないかはあなたの望み次第です。
갈지 말지는 당신의 바램에 달려있습니다.

12 資料が手に入り次第、報告するつもりです。
자료가 입수되는 대로 보고할 생각합니다.

단어힌트 🔍

작황상황	出来具合い	바램	望み
입수하다	手に入る	보고하다	報告する

映画を見るかわり(に)、本を買って読みました。

1 映画を見る**かわり(に)**、本を買って読みました。
영화를 보는 대신 책을 사서 읽었습니다.

2 母が忙しい時は**かわり(に)**、私が食事の準備をします。
엄마가 바쁠 때는 대신 내가 식사준비를 합니다.

3 この品物は値段が高い**かわりに**、品質は最高です。
이 물건은 가격이 비싼 대신 품질은 최고입니다.

4 回りが静かな**かわりに**、交通は不便です。
주위가 조용한 대신 교통은 불편합니다.

5 朝食はごはんの**かわりに**、パンとコーヒーで済ませます。
아침은 밥 대신 빵과 커피로 끝냅니다.

6 食事代の**かわりに**、この店で3日間働きます。
식사비 대신 이 가게에서 3일간 일하겠습니다.

문형설명

동사·형용사원형+かわり, ナ형용사 ナ+かわり에 접속하며, 「~대신에」의 의미이다.
전반부의 사실을 다른 것으로 바꾸거나, 그 대가로 인한 다음의 사실을 나타낸다.

買う	→	買うかわり(に)	사는 대신
ない	→	ないかわり(に)	~않는 대신
静かだ	→	静かなかわりに	조용한 대신
パン	→	パンのかわりに	빵 대신에

7 試験の**かわりに**レポートを出してください。

시험 대신 레포트를 제출해 주세요.

8 父の**かわりに**私がお金を稼いでいます。

아버지 대신 내가 돈을 벌고 있습니다.

9 発表をしない**かわりに**論文を書くことにしました。

발표를 하지 않는 대신 논문을 쓰기로 했습니다.

10 誕生日のプレゼントの**かわりに**、母に手紙を書きました。

생일 선물 대신에 어머니께 편지를 썼습니다.

11 タクシーに乗る**かわりに**、健康のため歩くことにしました。

택시를 타는 대신 건강을 위해 걷기로 했습니다.

12 紙束を守らなかった**かわりに**、罰金を出すべきです。

약속을 지키지 않은 대신 벌금을 내야합니다.

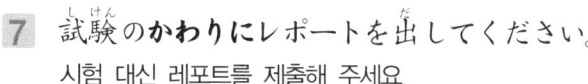

(돈을) 벌다 稼ぐ	건강 健康
벌금 罰金	

天気予報によると、明日は雪が降るそうです。

1　天気予報によると、明日は雪が降るそうです。
일기예보에 의하면, 내일은 눈이 온다고 합니다.

2　中村さんによると、社長は明日アメリカへ行くそうです。
나카무라씨에 의하면, 사장님은 내일 미국에 간다고 합니다.

3　ニュースによると、殺人犯が捕まったそうです。
뉴스에 의하면, 살인범이 잡혔다고 합니다.

4　広告によると、いちごケーキがよく売れているそうです。
광고에 의하면, 딸기 케이크가 잘 팔리고 있다고 합니다.

5　友だちによると、あの映画はよくできているそうです。
친구에 의하면, 그 영화는 잘 만들어졌다고 합니다.

6　店員によると、このデザインが流行っているそうです。
점원에 의하면, 이 디자인이 유행한다고 합니다.

문형설명

「~によると、~そうだ」는 전문(伝聞-전해 들음)을 나타낸다.
전문「そうだ」앞의 품사는 기본형이 온다.

行く　　→　行くそうだ　　간다고 한다.
高い　　→　高いそうだ　　비싸다고 한다.
静かだ　→　静かだそうだ　조용하다고 한다.

7 父によると、明日親戚の結婚式があるそうです。

아버지에 의하면, 내일 친척의 결혼식이 있다고 합니다.

8 新聞によると、日本の総理が訪問するそうです。

신문에 의하면, 일본 총리가 방문한다고 합니다.

9 店員によると、この小説はベストセラーになるそうです。

점원에 의하면 이 소설은 베스트셀러가 될 거라고 합니다.

10 社内のうわさによると、Bさんは会社をを辞めるそうです。

사내의 소문에 의하면, B씨는 회사를 그만둔다고 합니다.

11 天気予報によると、明日は晴れるそうです。

일기예보에 의하면, 내일은 맑을 것이라고 합니다.

12 村上さんによると、金さんは日本語が話せるそうです。

무라카미씨에 의하면, 김씨는 일본어를 할 수 있다고 합니다.

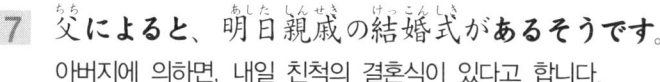
단어힌트

친척	親戚	방문하다	訪問する
총리	総理	베스트셀러	ベストセラー
소문	うわさ	말할 수 있다	話せる

彼はりんごをたくさん買いそうです。

---

1 彼はりんごをたくさん買いそうです。
그는 사과를 많이 살 것 같습니다.

2 午後から雨が降りそうですね。
오후부터 비가 내릴 것 같군요.

3 10時までには仕事が終りそうです。
10시까지는 일이 끝날 것 같습니다.

4 教室にはまだ学生が残っていそうです。
교실에는 아직 학생이 남아있는 것 같습니다.

5 明日の会議には木村さんも出席しそうです。
내일 회의에는 기무라씨도 출석할 것 같습니다.

6 彼はどうも会社を辞めそうです。
그는 아무래도 회사를 그만둘 것 같습니다.

문형설명

「동사ます형＋そうだ」는 양태(様態)추량(推量)을 나타낸다.
양태「そうだ」앞의 품사는「ます형」이 온다.

倒れる	→ 倒れそうだ	넘어질 것 같다
落ちる	→ 落ちそうだ	떨어질 것 같다
ある	→ ありそうだ	있을 것 같다

7 もうすぐ桜の花が咲きそうです。

이제 곧 벚꽃이 필 것 같습니다.

8 あしたまでには宿題を提出できそうです。

내일까지는 숙제를 제출할 수 있을 것 같습니다.

9 遅くても5時までには会社に戻りそうです。

늦어도 5시까지는 회사에 돌아올 것 같습니다.

10 彼女は高いドレスを買いそうです。

그녀는 비싼 드레스를 살 것 같습니다.

11 上着のボタンが取れそうです。

상의 단추가 떨어질 것 같습니다.

12 昨日は風が強くて、木が倒れそうでした。

어제는 바람이 세서 나무가 쓰러질 것 같았습니다.

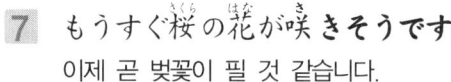

벚꽃	桜の花	제출할 수 있다	提出できる
늦어도	遅くても	돌아오다	戻る
상의	上着	단추	ボタン
쓰러지다	倒れる		

29

第13課

今年の冬は去年より寒そうです。

1 今年の冬は去年より寒そうです。
올 겨울은 작년 보다 추울 것 같습니다.

2 この漫画の本はおもしろそうです。
이 만화책은 재미있을 것 같습니다.

3 今度の試験はとても難しそうです。
이번 시험은 굉장히 어려울 것 같습니다.

4 運動会の日、雨の心配はなさそうです。
운동회 날, 비 걱정은 없을 것 같습니다.

5 彼女がクラスの中で頭が一番よさそうです。
그녀가 반에서 머리가 가장 좋은 것 같습니다.

6 今買った赤いりんごは大変甘そうです。
지금 산 빨간 사과는 굉장히 달 것 같습니다.

문형설명

「형용사＋そうだ」의 형태로 형용사의 어간에 「そうだ」가 접속된다.
양태(様態)추량(推量)을 나타낸다.

厚い → 厚そうだ　두꺼울 것 같다
難しい → 難しそうだ　어려울 것 같다
重い → 重そうだ　무거울 것 같다

7 このケーキは本当(ほんとう)においしそうですね。

이 케이크는 정말 맛있을 같군요.

8 あなたはいつも楽(たのし)しそうですね。

당신은 언제나 즐거운 것 같군요.

9 赤(あか)いセーターは暖(あたた)かそうですね。

빨간 스웨터는 따뜻할 것 같군요.

10 あの子(こ)はいつ見(み)ても大人(おとな)しそうです。

저 아이는 언제 보아도 얌전한 것 같습니다.

11 韓国(かんこく)のキムチはとても辛(から)そうです。

한국 김치는 정말 매울 것 같습니다.

12 金(きん)さんは先(さき)から頭(あたま)が痛(いた)そうです。

김씨는 아까부터 머리가 아픈 것 같습니다.

단어힌트 🔍

얌전하다 大人(おとな)しい	맵다 辛(から)い
스웨터 セーター	아까부터 先(さき)から

このワープロは、とても便利そうです。

1 このワープロはとても便利そうです。
이 워드프로세서는 매우 편리할 것 같습니다.

2 いつも汚い部屋が、今日はきれいそうです。
늘 지저분한 방이 오늘은 깨끗한 것 같습니다.

3 彼にとって両親はだれよりも大切そうです。
그에게 있어 부모님은 누구보다 소중한 것 같습니다.

4 学生たちがいると、教室はいつもにぎやかそうです。
학생들이 있으면 교실은 언제나 떠들썩한 것 같습니다.

5 このカバンは前のより丈夫そうです。
이 가방은 전에 것보다 튼튼한 것 같습니다.

6 おばあさんは80才なのに相変わらず元気そうです。
할머니는 여든 살인데 여전히 건강한 것 같습니다.

문형설명

「ナ형용사＋そうだ」의 형태로 ナ형용사의 어간에 「そうだ」가 접속된다.
양태(様態)추량(推量)을 나타낸다.

元気だ	→ 元気そうだ	건강한 것 같다
利口だ	→ 利口そうだ	영리한 것 같다
丈夫だ	→ 丈夫そうだ	튼튼한 것 같다
ひまだ	→ ひまそうだ	한가한 것 같다

7 彼女は海より山が好きそうです。
그녀는 바다보다 산을 좋아하는 것 같습니다.

8 両親は子供の将来がいちばん心配そうです。
부모님은 아이의 장래가 제일 걱정되는 것 같습니다.

9 今は何よりこの用件がいちばん重要そうです。
지금은 무엇보다 이 용건이 제일 중요한 것 같습니다.

10 会社の雰囲気はわりとなごやかそうです。
회사 분위기는 비교적 부드러운 것 같습니다.

11 今日のドレスはあまり地味そうです。
오늘 드레스는 너무 수수한 것 같습니다.

12 ここから都心までの交通は不便そうです。
여기에서 도심까지의 교통은 불편한 것 같습니다.

단어힌트 🔍

장래	将来	용건	用件
분위기	雰囲気	부드럽다	なごやかだ
도심	都心	수수하다	地味だ
비교적	わりと・わりに		

彼の心は冷たい氷のようです。

1 彼の心は冷たい氷のようです。
그의 마음은 차가운 얼음같습니다.

2 9月の中旬なのに、気温は真夏のようです。
9월 중순인데도 기온은 한여름 같군요.

3 この固いパンはまるで石のようですね。
이 딱딱한 빵은 마치 돌같군요.

4 あそこの白い建物は病院のようです。
저기 흰 건물은 병원인 것 같습니다.

5 ここに書いてある住所は間違いのようです。
여기 써 있는 주소는 틀린 것 같습니다.

6 あの人たちは日本から来た団体客のようです。
저 사람들은 일본에서 온 단체손님인 것 같습니다.

문형설명

「명사＋のようだ」의 형태로 양태나 추량을 나타낸다.

台風のようだ	태풍인 것 같다
医者のようだ	의사인 것 같다
留守のようだ	부재인 것 같다

7 かべの絵はまるで実物のようです。
벽의 그림은 마치 실물 같습니다.

8 今あなたに必要なものはお金のようですね。
지금 당신에게 필요한 것은 돈인 것 같군요.

9 あそこに見える建物は学校のようですね。
저기에 보이는 건물은 학교 같군요.

10 朴さんは実に立派な医者のようです。
박씨는 실로 훌륭한 의사인 것 같습니다.

11 あの人の顔はまるで彫刻のようです。
저 사람의 얼굴은 마치 조각 같습니다.

12 1時間前から連絡してますが、留守のようです。
한 시간 전부터 연락하고 있습니다만, 부재인 것 같습니다.

단어힌트

그림	絵	실물	実物
조각	彫刻	연락하다	連絡する
부재	留守	실로	実に

南向きの家は風がよく通るようです。

1 南向きの家は風がよく通るようです。

남향집은 바람이 잘 통하는 것 같습니다.

2 空を見ると、雨が降るようです。

하늘을 보니 비가 올 것 같습니다.

3 先生は昨日退院したようです。

선생님은 어제 퇴원한 것 같습니다.

4 釜さんはだいぶ日本語が話せるようです。

김씨는 꽤 일본어를 말할 수 있게 된 것 같습니다.

5 あなたも日本の生活に慣れたようですね。

당신도 일본 생활에 익숙해진 것 같군요.

6 今出発すれば、待ち合わせの時間に間に合うようです。

지금 출발하면 약속 시간에 맞출 것 같습니다.

🗂 문형설명

「동사+ようだ」는 양태(樣態) 추량(推量)을 나타낸다.
동사의 원형이나, 과거형에 접속된다.

来る	→ 来たようだ	온 것 같다
慣れる	→ 慣れたようだ	익숙해 진 것 같다
食べる	→ 食べるようだ	먹는 것 같다

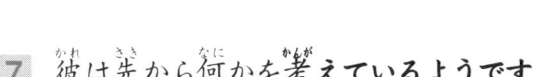

7 彼は先から何かを考えているようです。
그는 아까부터 뭔가를 생각하고 있는 것 같습니다.

8 待っていたお客さんがいらっしゃたようですね。
기다리고 있던 손님이 오신 것 같군요.

9 雨が降り、風も吹きはじめたようですね。
비가 오고, 바람도 불기 시작한 것 같군요.

10 幸いに台風は日本をそれたようです。
다행히 태풍은 일본을 벗어난 것 같았습니다.

11 私たち前、どこかで会ったようですね。
우리 전에 어디선가 만났던 것 같은데요.

12 まるで鳥が空を飛んでいるようです。
마치 새가 하늘을 날고 있는 것 같습니다.

단어힌트 🔍

불기 시작하다	吹きはじめる	다행히	幸いに
벗어나다	それる		

娘にはこの問題がちょっと難しいようです。

1. 娘にはこの問題がちょっと難しいようです。
   딸에게는 이 문제가 조금 어려운 것 같습니다.

2. 彼女はだれが見ても優しいようです。
   그녀는 누가 봐도 상냥한 것 같습니다.

3. あの人はこのごろ会社の仕事が忙しいようです。
   그 사람은 요즘 회사 일이 바쁜 것 같습니다.

4. 今年の冬は例年より、寒いようです。
   올 겨울은 예년 보다 추울 것 같습니다.

5. 試験は思ったより、易しかったようです。
   시험은 생각했던 것 보다 쉬웠던 것 같습니다.

6. 高速道路での交通事故で命が危ないようです。
   고속도로에서의 교통사고로 생명이 위태로운 것 같습니다.

문형설명

「형용사＋ようだ」의 형태로 양태(様態)의 추량(推量)을 나타낸다.
「ようだ」앞의 형용사는 원형이 온다.

親しい → 親しいようだ   친한 것 같다
忙しい → 忙しいようだ   바쁜 것 같다
寒い → 寒かったようだ   추웠던 것 같다
安い → 安くないようだ   싸지 않은 것 같다

7　焼き肉より魚がおいしいようです。
불고기 보다 생선이 맛있을 것 같습니다.

8　この池は意外と深いようです。
이 연못은 의외로 깊은 것 같습니다.

9　空港は濃霧で危ないようです。
공항은 농무(짙은 안개)로 위험할 것 같습니다.

10　あのレストランのメニューは全部高いようです。
저 레스토랑의 메뉴는 전부 비쌀 것 같습니다.

11　今日は全社員がみんな忙しいようです。
오늘은 전사원이 모두 바쁜 것 같습니다.

12　シベリアの冬は大変寒いようです。
시베리아의 겨울은 굉장히 추운 것 같습니다.

단어힌트

연못	池	의외로	意外と
깊다	深い	공항	空港
시베리아	シベリア	레스토랑	レストラン
농무	濃霧		

彼はいつもひまなようですね。

1 彼はいつもひまなようですね。
그는 늘 한가한 것 같군요.

2 このあたりはいつ来ても静かなようです。
이 부근은 언제 와도 조용한 것 같습니다.

3 彼は映画を見るのが好きなようです。
그는 영화 보는 것을 좋아하는 것 같습니다.

4 あの人は人気もあって、まじめなようです。
저 사람은 인기도 있고, 성실한 것 같습니다.

5 このアパートは家賃も安くて、交通も便利なようです。
이 아파트는 집세도 싸고, 교통도 편리한 것 같습니다.

6 このカバンはデザインもいいし、丈夫なようです。
이 가방 디자인도 좋고, 튼튼한 것 같습니다.

문형설명

「ナ형용사＋ようだ」의 형태로 양태(樣態)·추량(推量)을 나타낸다.

無理だ → 無理なようだ 무리일 것 같다
盛んだ → 盛んなようだ 성행할 것 같다
親切だ → 親切なようだ 친절할 것 같다

7 先生の論文は立派なようです。
선생님의 논문은 훌륭한 것 같습니다.

8 あの人のヘアースタイルはとても素敵なようです。
저 사람의 헤어스타일은 정말 멋있는 것 같습니다.

9 妹はすいかが嫌いなようです。
여동생은 수박을 싫어하는 것 같습니다.

10 日本ではスポーツの中で、野球がいちばん盛んなようです。
일본에서는 스포츠 중에서 야구가 제일 성행하는 것 같습니다.

11 今日はとても寒いですが、全国的なようです。
오늘은 매우 춥습니다만, 전국적인 것 같습니다.

12 彼は日本語より、英語が上手なようです。
그는 일본어 보다, 영어가 능숙한 것 같습니다.

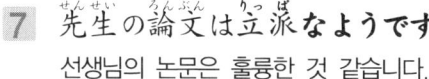

단어힌트 🔍

논문	論文	멋지다	素敵だ
싫어하다	嫌いだ	성행하다	盛んだ
전국적이다	全国的だ		

41

第**19**課

試験に合格しました。(まるで)夢のようです。

1 試験に合格しました。(まるで)夢のようです。
시험에 합격했습니다. (마치) 꿈 같습니다.

2 夏でも山の中はすずしくて、(まるで)秋のようです。
여름이라도 산 속은 시원해서, (마치) 가을 같습니다.

3 彼が結婚したそうです。(まるで)嘘のようです。
그가 결혼했다고 합니다. (마치) 거짓말 같습니다.

4 夕日に輝く川は美しいです。(まるで)絵のようです。
석양에 반짝이는 강은 아름답습니다. (마치) 그림 같습니다.

5 あの二人はとても似ています。(まるで)双子のようです。
저 두 사람은 무척 닮았습니다. (마치) 쌍둥이 같습니다.

6 赤ちゃんのほっぺたは赤くて、(まるで)りんごのようです。
아기 볼은 빨개서 (마치) 사과 같습니다.

문형설명

「(まるで) 명사 + のようだ」의 형태로 비유의 의미를 나타낸다.

7 Aさんは歌が上手です。(まるで)歌手のようです。

A씨는 노래를 잘합니다. (마치) 가수 같습니다.

8 母は犬、猫、鳥を飼っています。(まるで)動物園のようです。

어머니는 개, 고양이, 새를 키우고 있습니다. (마치) 동물원 같습니다.

9 赤ちゃんの手は赤いです。(まるで)紅葉のようです。

아가의 손은 빨갛습니다. (마치) 단풍잎 같습니다.

10 この湖はほんとうに広いですね。(まるで)海のようです。

이 호수는 정말 넓군요. (마치) 바다 같습니다.

11 直子さんは親切でやさしいです。(まるで)姉のようです。

나오코씨는 친절하고 상냥합니다. (마치) 언니 같습니다.

12 Aさんは計算が速いです。(まるで)計算機のようです。

A씨는 계산이 빠릅니다. (마치) 계산기와 같습니다.

단어힌트

동물원	動物園	단풍잎	紅葉　もみじ
언니	姉	계산	計算
계산기	計算機		

会場は静かです。(まるで)水を打ったようです。

1 会場は静かです。(まるで)水を打ったようです。
회장은 조용합니다. (마치) 쥐 죽은 듯 합니다.

2 外はすごい雨です。(まるで)シャワーを浴びているようです。
밖은 엄청난 비입니다. (마치) 샤워하는 듯 합니다.

3 有名な歌手に会いました。(まるで)夢を見ているようでした。
유명한 가수를 만났습니다. (마치) 꿈을 꾸고 있는 것 같았습니다.

4 桜の花が散っています。(まるで)雪が降っているようです。
벚꽃이 지고 있습니다. 마치 눈이 내리고 있는 듯 합니다.

5 彼の人生は、(まるで)一篇のドラマを見ているようです。
그의 인생은 (마치) 한편의 드라마를 보고 있는 듯 합니다.

6 そば畑に白い花が咲いています。(まるで)塩をまいたようです。
메밀밭에 하얀 꽃이 피어 있습니다. (마치) 소금을 뿌려놓은 듯 합니다.

📁 문형설명

「(まるで)動詞＋ようだ」의 형태로 비유를 나타낸다.

踊る → 踊っているようだ	춤추고 있는 듯하다
死ぬ → 死んでいるようだ	죽어 있는 듯하다
笑う → 笑っているようだ	웃고 있는 듯하다

7 　魚がとても新鮮です。(まるで)生きているようです。
　생선이 무척 신선합니다. (마치) 살아 있는 것 같습니다.

8 　元気がないですね。(まるで)心配事でもあるようですね。
　기운이 없네요. (마치) 걱정거리라도 있는 것 같군요.

9 　妹は水泳が上手です。(まるで)魚が泳いでいるようです。
　여동생은 수영을 잘합니다. (마치) 물고기가 헤엄치고 있는 것 같습니다.

10 　A選手がダイビングをしています。(まるで)鳥が飛んでいるようです。
　A선수가 다이빙하고 있습니다. (마치) 새가 날고 있는 것 같습니다.

11 　吹雪がひどいです。(まるで)雪が踊っているようです。
　눈보라가 심합니다. (마치) 눈이 춤추고 있는 것 같습니다.

12 　心配事があって、食事は(まるで)砂をかんでいるようです。
　걱정거리가 있어, 식사는 (마치) 모래를 씹고 있는 것 같습니다.

단어힌트 🔍

수영	水泳・泳ぎ	다이빙	ダイビング
눈보라	吹雪	춤추다	踊る
걱정거리	心配事	모래	砂
씹다	かむ		

宝くじに当たるなんて、
まるで夢を見ているみたいです。

1 宝くじに当たるなんて、まるで夢を見ているみたいです。
복권에 당첨되다니, 마치 꿈을 꾸고 있는 것 같습니다.

2 値段に比べて、質はあまりよくないみたいですね。
가격에 비해 질은 별로 좋지 않은 것 같군요.

3 それほど人形遊びが好きだなんて、まるで子供みたいですね。
그 정도로 인형놀이를 좋아한다니 마치 어린애 같군요.

4 これはいくら見ても本物ではないみたいですね。
이것은 아무리 봐도 진짜는 아닌 것 같네요.

5 10人前の食事の準備を一人でやるのはどうも無理みたいです。
10인분의 식사준비를 혼자서 한다는 것은 도저히 무리일 것 같군요.

6 朝から何も食べていなかったので、
晩ごはんはまるで豚みたいに食べています。
아침부터 아무것도 먹지 않아서 저녁은 마치 돼지처럼 먹고 있습니다.

📋 문형설명

동사·형용사원형+みたい에 접속하며, 「~와 같다」「~(한)것 같다」 등의 의미로 근거가 없이 불확실하지만 그것을 완곡하게 단정하는 뉘앙스를 준다.

休む	→ 休むみたい	쉬는 것 같다
ない	→ ないみたい	없는 것 같다
人形	→ 人形みたい	인형 같다

7 この薬は**いちごみたいな**味がしますね。

이 약은 딸기 같은 맛이 나는군요.

8 ヘアスタイルを変えると、20代**みたいに**見えます。

헤어스타일을 바꾸니 20대처럼 보이네요.

9 私がソウル大学に合格するなんて、**うそみたいです**。

내가 서울대학교에 합격하다니, 거짓말 같습니다.

10 もう10月なのに、まるで真夏**みたいに**暑いですね。

벌써 10월인데, 마치 한여름처럼 덥군요.

11 こんなにうまいコーヒーが100円だなんて、**ただみたいに**安いですね。

이렇게 맛있는 커피가 100엔이라니, 공짜 처럼 싸군요.

12 田中さんは甘いものが嫌い**みたいですね**。

다나카씨는 단것을 싫어하는 것 같네요.

단어힌트 🔍

헤어스타일	ヘアスタイル	한여름	真夏
공짜	ただ	단것	甘いもの

子供はうどんを食べたがっています。

1 子供はうどんを食べたがっています。
   아이는 우동을 먹고 싶어 합니다.

2 彼は先生にとても会いたがっています。
   그는 선생님을 무척 보고 싶어 합니다.

3 彼は彼女に関することは何でも知りたがっています。
   그는 그녀에 대한 것은 뭐든지 알고 싶어 합니다.

4 だれも運動した後は、水を飲みたがります。
   누구나 운동 한 후에는 물을 마시고 싶어 합니다.

5 若者は新しい流行を追いたがっています。
   젊은이는 새로운 유행을 따라가고 싶어 합니다.

6 子供はたこを空高くあげたがっています。
   아이는 연을 하늘 높이 날리고 싶어 합니다.

📁 문형설명

「동사＋たがる」는 상대나 제3자의 희망 욕구 등을 나타낸다.
「～たがる」는 동사의 「ます형」이 접속된다.

乗る → 乗りたい → 乗りたがる 타고 싶어한다
歌う → 歌いたい → 歌いたがる 노래하고 싶어한다
飲む → 飲みたい → 飲みたがる 마시고 싶어한다

7 娘はピアニストに**なりたがっています**。
   딸은 피아니스트가 되고 싶어 합니다.

8 彼女はヘアースタイルを**変えたがっています**。
   그녀는 헤어스타일을 바꾸고 싶어 합니다.

9 妹は夏休みに日本に**行きたがっています**。
   여동생은 여름방학에 일본에 가고 싶어 합니다.

10 田中さんもこの本を**読みたがっています**。
   다나카씨도 이 책을 읽고 싶어 합니다.

11 兄は新しいコンピューターを**買いたがっています**。
   형은 새 컴퓨터를 사고 싶어 합니다.

12 妹は長い髪を短く**切りたがっています**。
   여동생은 긴 머리를 짧게 자르고 싶어 합니다.

단어힌트

피아니스트	ピアニスト	바꾸다	変える
머리	髪	자르다	切る
헤어스타일	ヘアースタイル		

息子は恋人と別れて、寂しがっています。

1 息子は恋人と別れて、寂しがっています。
아들은 애인과 헤어져서 외로워하고 있습니다.

2 田中さんは犬を怖がっています。
다나카씨는 개를 무서워합니다.

3 彼は恥ずかしがりで、人の前ではなかなか話しません。
그는 부끄럼을 타서 사람 앞에서는 좀처럼 얘기하지 않습니다.

4 兄は昔からマウンテンバイクをほしがっていました。
형은 옛날부터 산악자전거를 갖고 싶어 했습니다.

5 弟は飼っていた犬が死んでしまって、悲しがっています。
남동생은 기르던 개가 죽어버려 슬퍼하고 있습니다.

6 試合に負けて、選手全員が悔しがっています。
시합에 져서 선수 전원이 분통해 하고 있습니다.

문형설명

「형용사＋がる」는 상대나 제 3자의 상황이나 기분을 나타내는 표현이다.
「～がる」는 형용사 어간이 접속된다.

怖い	→ 怖がる	무서워 하다
はしい	→ ほしがる	깃고 싶어 하다
悔しい	→ 悔しがる	분통해하다

7 彼女はフランス人形をいちばん **かわいがっています**。
그녀는 프랑스 인형을 제일 귀여워하고 있습니다.

8 釜君はいつも韓国を**懐かしがっています**。
김군은 늘 한국을 그리워하고 있습니다.

9 私は寒がりで、冬はいつも家にいます。
나는 추위를 많이 타서, 겨울엔 늘 집에 있습니다.

10 孫が生まれて、両親は**うれしがっています**。
손자가 태어나서 부모님은 기뻐하고 있습니다.

11 弟は猫は**怖がっています**が、犬は**かわいがっています**。
남동생은 고양이는 무서워 하지만, 개는 귀여워합니다.

12 ボーナスが出たので、社員たちはみんな**うれしがっています**。
보너스가 나와서, 사원들은 모두 기뻐하고 있습니다.

단어힌트 🔍

인형	人形	귀엽다	かわいい
추위를 타다	寒がる	그립다	懐かしい
보너스	ボーナス		

妹はとくに数学をいやがります。

1 妹はとくに数学をいやがります。
여동생은 특히 수학을 싫어합니다.

2 彼は授業がつまらなくて、退屈がっています。
그는 수업이 시시해서 지루해 하고 있습니다.

3 社員たちは新しい機械の使い方を不便がっています。
사원들은 새 기계의 사용법을 불편해 하고 있습니다.

4 友だちはみんな彼のことを残念がっています。
친구들은 모두 그의 일을 애석해 하고 있습니다.

5 景気が急激に悪くなって、国民が不安がっています。
경기가 급격히 나빠져서, 국민이 불안해 하고 있습니다.

6 弟はペットの世話を面倒がっています。
남동생은 애완동물 돌보는 일을 귀찮아 하고 있습니다.

📁 **문형설명**

「ナ형용사＋がる」는 상대나 제3자의 모습이나 마음을 나타낸다.
「がる」는 ナ형용사의 어간에 접속된다.

不便だ	→	不便がる　불편해 하다
退屈だ	→	退屈がる　지루해 하다
残念だ	→	残念がる　애석해 하다

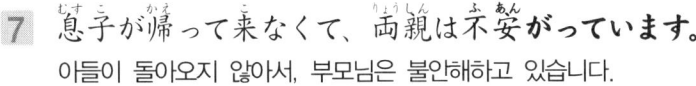

7 　息子が帰って来なくて、両親は不安がっています。
아들이 돌아오지 않아서, 부모님은 불안해하고 있습니다.

8 　旅行がキャンセルになって、家内は残念がっています。
여행이 취소되어, 아내는 유감스러워하고 있습니다.

9 　B君は試験でトップになり、得意がっています。
B군은 시험에서 톱을 해서, 득의양양해 하고 있습니다.

10 　学生たちは国語の先生のことをみんな好きがっています。
학생들은 국어 선생님을 모두 좋아하고 있습니다.

11 　地下鉄の中で子供が騒いで、みんな迷惑がっています。
지하철 안에서 아이가 소란을 피워, 모두 귀찮아하고 있습니다.

12 　山村さんは会社が遠くて、不便がっています。
야마무라씨는 회사가 멀어서, 불편해 하고 있습니다.

단어힌트

안심하다	安心だ	취소되다	キャンセルになる
톱을 하다	トップになる	소란피우다	騒ぐ
득의양양해하다	得意がる		

歩きながら将来のことを考えてみました。

1. 歩きながら将来のことを考えてみました。
   걸으면서 장래의 일을 생각해 봤습니다.

2. 彼女は泣きながらドラマを見ています。
   그녀는 울면서 드라마를 보고 있습니다.

3. 舞台でギターを弾きながら歌を歌いました。
   무대에서 기타를 치면서 노래를 불렀습니다.

4. 回りの景色を眺めながらお弁当を食べました。
   주위 경치를 조망하면서 도시락을 먹었습니다.

5. お茶でも飲みながらその間のお話をしましょう。
   차라도 마시면서 그간의 이야기를 합시다.

6. 運転しながらケータイ電話をするのは危険です。
   운전을 하면서 휴대전화를 하는 것은 위험합니다.

문형설명

「동사＋ながら」는 주절의 동작·작용의 수단·방법·양태 등의 부수적 상황을 나타낸다. 「～ながら」는 동사의 「ます형」에 접속한다.

歩く	→ 歩きながら	걸으면서
食べる	→ 食べながら	먹으면서
見る	→ 見ながら	보면서
する	→ しながら	하면서

7 会社の仕事をしながら勉強するのは大変です。
회사 일을 하면서 공부하는 것은 힘듭니다.

8 毎日新聞を読みながら朝ご飯を食べます。
매일 신문을 읽으면서 아침을 먹습니다.

9 英語の単語は書きながら覚えるのが早いです。
영어단어는 쓰면서 외우는 것이 빠릅니다.

10 母はいつも音楽を聞きながら掃除をします。
어머니는 언제나 음악을 들으면서 청소를 합니다.

11 夕陽の海を見ながら静かなビーチを散歩しました。
석양의 바다를 보면서 조용한 해변을 산책했습니다.

12 日本のあちこちを歩きながら楽しい毎日を過ごしています。
일본의 여기저기를 걸으면서 즐거운 나날을 보내고 있습니다.

단어힌트

석양의 바다	夕陽の海	해변	ビーチ・浜
나날	毎日	여기저기	あちこち
보내다	過ごす		

夢が叶うように、いっそう努力するつもりです。

1 夢が叶うように、いっそう努力するつもりです。

꿈이 이루어지도록 한층 노력할 생각입니다.

2 日本語で手紙が書けるように、一生懸命勉強しています。

일본어로 편지를 쓸 수 있도록 열심히 공부하고 있습니다.

3 風邪を引かないように、くれぐれも気をつけてください。

감기에 걸리지 않도록 부디 조심하세요.

4 日本の生活に一日も早く慣れるように、頑張っています。

일본생활에 하루라도 빨리 익숙해지도록, 분발하고 있습니다.

5 老後の生活に困らないように、若い時に準備しています。

노후생활에 곤란하지 않도록 젊을 적에 준비하고 있습니다.

6 世界の出来事が分かるように、いつもニュースを聞いています。

세계의 사건을 알 수 있도록 항상 뉴스를 듣고 있습니다.

문형설명

「동사＋ように」는 후반부의 행위·동작의 목적을 전반부에 표현한다.
「～ように」는 동사의 원형에 접속한다.

慣れる	→ 慣れるように	익숙해 지도록
食べられる	→ 食べられるように	먹을 수 있도록
分かる	→ 分かるように	알 수 있도록

7 意味のある一日を過ごすように、計画を立てています。
의미 있는 하루를 보내도록 계획을 세우고 있습니다.

8 日本語が上手に話せるように、毎日練習しています。
일본어를 능숙하게 말할 수 있도록 매일 연습하고 있습니다.

9 海外旅行に行けるように、すこしずつ貯金をしています。
해외여행을 갈 수 있도록 조금씩 저금을 하고 있습니다.

10 会議の時間に遅れないように、急いで家を出ました。
회의시간에 늦지 않도록 서둘러 집을 나섰습니다.

11 説明がよく分かるように、ゆっくり話してください。
설명을 잘 알 수 있도록 천천히 말해 주세요.

12 海で泳げるように、プールで一生懸命練習しています。
바다에서 수영할 수 있도록, 수영장에서 열심히 연습 하고 있습니다.

단어힌트 🔍

하루를 보내다	一日を過ごす	계획을 세우다	計画を立てる
집을 나서다	家を出る		

来月、アメリカへ転勤することになりました。

1 来月、アメリカへ転勤することになりました。
다음 달 미국으로 전근가게 되었습니다.

2 警察で殺人事件を調べることになりました。
경찰에서 살인 사건을 조사하게 되었습니다.

3 4月から工場で働くことになりました。
4월부터 공장에서 일하게 되었습니다.

4 国際会議は大阪で開かれることになりました。
국제회의는 오사카에서 개최하기로 되었습니다.

5 来月から電話料金を値上げすることになりました。
다음 달부터 전화요금을 인상하게 되었습니다.

6 風邪をひいて、会社を休むことになりました。
감기에 걸려 회사를 쉬게 되었습니다.

문형설명

「동사＋ことになる」는 의지 이외의 일 · 자연적인 상황에 의한 변화의 귀결을 나타낸다.
「～ことになる」는 동사의 원형에 접속된다.

結婚する　→　結婚することになる　　결혼하게 되다
帰国する　→　帰国することになる　　귀국하게 되다
勉強する　→　勉強することになる　　공부하게 되다

7 韓国の代表として、大会に参加することになりました。
한국대표로 대회에 참가하게 되었습니다.

8 4月からA大学で勉強することになりました。
4월부터 A대학에서 공부하게 되었습니다.

9 工場が田舎に移転することになりました。
공장이 시골로 이전하게 되었습니다.

10 彼と来月、結婚することになりました。
그와 다음 달 결혼하게 되었습니다.

11 忘年会の司会をつとめることになりました。
망년회의 사회를 맡게 되었습니다.

12 病気でお酒とタバコを止めることになりました。
병으로 술과 담배를 끊게 되었습니다.

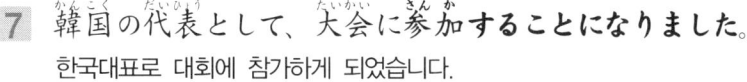

이전하다	移転する	망년회	忘年会
사회를 맡다	司会をつとめる	병	病気
끊다	止める		

時計がなくても、早起きするようになりました。

1 時計がなくても、早起きするようになりました。
시계가 없어도 일찍 일어나게 되었습니다.

2 二人は結局仲直りするようになりました。
두 사람은 결국 화해하게 되었습니다.

3 両親の気持も分かるようになりました。
부모의 심정도 알게 되었습니다.

4 健康のため、毎日運動するようになりました。
건강 때문에 매일 운동을 하게 되었습니다.

5 病気がひどくなって、入院するようになりました。
병이 심해져서 입원하게 되었습니다.

6 諦めないで練習すれば、外国人のように話せるようになります。
포기하지 않고 연습하면, 외국인처럼 말할 수 있게 됩니다.

문형설명

「동사 + ようになる」는 가능성・상황・습관 등의 변화과정을 나타낸다.
「~ようになる」는 동사의 원형에 접속된다.

化粧する	→ 化粧するようになる	화장하게 하다
話せる	→ 話せるようになる	말할 수 있게 하다
起きる	→ 起きるようになる	일어나게 하다
歌う	→ 歌うようになる	노래 부르게 하다

7 手術を受けて、歩けるようになりました。
수술을 받아서 걸을 수 있게 되었습니다.

8 はたちになってから、化粧するようになりました。
스무살이 되고나서 화장하게 되었습니다.

9 日曜日にはいつも、友だちの家で集まるようになっています。
일요일에는 언제나 친구 집에서 모이기로 되어 있습니다.

10 長い間頑張った結果、試験に合格するようになりました。
오랫동안 노력한 결과, 시험에 합격하게 되었습니다.

11 今は辛い食べ物でもよく食べるようになりました。
지금은 매운 음식도 잘 먹게 되었습니다.

12 来年もう一度、テストを受けるようになりました。
내년에 다시 한 번 시험을 치르게 되었습니다.

단어힌트

화장하다	化粧する	걸을 수 있다　歩ける
시험을 치르다	テスト(試験)を受ける	

ガソリンがないと、車は動かなくなります。

1 ガソリンがないと、車は動かなくなります。
가솔린이 없으면, 차는 움직이지 않게 됩니다.

2 人間はお金持ちになると、あまり仕事しなくなります。
사람은 부자가 되면, 별로 일하지 않게 됩니다.

3 禁煙を決心してから、タバコは吸わなくなりました。
금연을 결심하고 나서, 담배는 피우지 않게 되었습니다.

4 会社を辞めたので、早起きしなくなりました。
회사를 그만두었기 때문에 일찍 일어나지 않게 되었습니다.

5 アメリカへの出張は、急用ができて行けなくなりました。
미국의 출장은 급한 일이 생겨서 못 가게 되었습니다.

6 ボタンがこわれて、カメラが動かなくなりました。
버튼이 고장나서, 카메라가 작동하지 않게 되었습니다.

📘 문형설명

「동사＋なくなる」는 가능성・상황・습관 등의 변화의 귀결을 나타낸다.
「～なくなる」는 동사의 「ない형」접속된다.

風邪をひく	→ 風邪をひかなくなる	감기에 걸리지 않게 되다
映画を見る	→ 映画を見なくなる	영화를 보지 않게 되다
友だちに会う	→ 友だちに会わなくなる	친구를 만나지 않게 되다

7 明日からここで仕事が**できなくなりました**。
내일부터 여기에서 일 할 수 없게 되었습니다.

8 この店にはお客さんが**来なくなりました**。
이 가게에는 손님이 오지 않게 되었습니다.

9 日曜日でも会社を**休めなくなりました**。
일요일에도 회사를 쉴 수 없게 되었습니다.

10 大学に入ってから、友だちに**会わなくなりました**。
대학에 들어가고 나서 친구를 만나지 않게 되었습니다.

11 今の学生はあまり本を**読まなくなりました**。
요즘 학생은 별로 책을 읽지 않게 되었습니다.

12 平日にはいっさいテレビを**見なくなりました**。
평일에는 일절 TV를 보지 않게 되었습니다.

단어힌트

손님	お客さん	요즘	今の
평일	平日	일절	いっさい

この映画は大人に限って、
入場できることになっています。

1 この映画は大人に限って、入場できることになっています。
이 영화는 어른에 한해서 입장할 수 있게 되어 있습니다.

2 運転する時は必ずシートベルトを締めることになっています。
운전할 때는 반드시 안전벨트를 매도록 되어 있습니다.

3 泳ぐ前に、必ず準備運動をすることになっています。
수영하기 전에 반드시 준비운동을 하도록 되어 있습니다.

4 7歳になると、小学校に入学することになっています。
7살이 되면 초등학교에 입학하게 되어 있습니다.

5 建物の中にはペットを連れて入れないことになっています。
건물 안에는 애완동물을 데리고 들어갈 수 없게 되어 있습니다.

6 館内ではどこでも禁煙することになっています。
관내에서는 어디든지 금연하도록 되어 있습니다.

문형설명

「동사＋ことになっている」는 의지와는 상관없이 결정되는 규칙이나 습관을 나타낸다. 「～こと になっている」는 동사의 원형에 접속된다.

払う	→ 払うことになっている	지불하도록 되어있다
歩く	→ 歩くことになっている	걷도록 되어있다
撮れない	→ 撮れないことになっている	촬영할 수 없게 되어있다

7 4月から営業部で働くことになっています。
4월부터 영업부에서 일하게 되어 있습니다.

8 3月に中国へ出張することになっています。
3월에 중국으로 출장가게 되어 있습니다.

9 二人は今日、お見合いをすることになっています。
두 사람은 오늘 선을 보게 되어 있습니다.

10 今日の公演で歌を2曲歌うことになっています。
오늘 공연에서 노래를 2곡 부르게 되어 있습니다.

11 年金は65才から出ることになっています。
연금은 65세부터 나오도록 되어 있습니다.

12 学生は全員、制服を着ることになっています。
학생은 전원, 교복을 입도록 되어 있습니다.

단어힌트

영업부	営業部	선을 보다	お見合いをする
공연	公演	연금	年金
교복	制服		

修学旅行には全員参加することにしました。

1 修学旅行には全員参加することにしました。
수학여행에는 전원 참가하기로 했습니다.

2 風邪気味のため、酒は飲まないことにしています。
감기 기운 때문에, 술은 안마시기로 하고 있습니다.

3 週末だけは家族と一緒に過ごすことにしています。
주말만큼은 가족과 함께 지내기로 하고 있습니다.

4 デパートには寄らないことにしました。
백화점에는 들르지 않기로 했습니다.

5 ひさしぶりにみんなで、映画を見に行くことにしました。
오랜만에 모두 영화를 보러가기로 했습니다.

6 両親と相談して、経済学を専攻することにしました。
부모님과 상의해서 경제학을 전공하기로 했습니다.

문형설명

「동사＋ことにする」는 의지에 의한 귀결을 나타낸다.
「～ことにする」는 동사의 원형에 접속된다.

早く寝る　→　早く寝ることにする　　빨리 자도록 하다
買わない　→　買わないことにする　　사지 않기로 하다
結婚する　→　結婚することにする　　결혼하기로 하다

7 今週の土曜日、海へ行くことにしました。
금주 토요일 바다에 가기로 했습니다.

8 彼女と図書館の前で会うことにしました。
그녀와 도서관 앞에서 만나기로 했습니다.

9 今の仕事は来月から辞めることにしました。
지금 일은 다음 달부터 그만두기로 했습니다.

10 今月のボーナスで、車を買うことにしました。
이번 달 보너스로 차를 사기로 했습니다.

11 明日、木村さんのお見舞いに行くことにしました。
내일 기무라씨의 문병을 가기로 했습니다.

12 今晩、課長の昇進のお祝いをすることにしました。
오늘 저녁 과장님의 승진 축하를 하기로 했습니다.

단어힌트

보너스	ボーナス	문병	お見舞い
승진축하	昇進のお祝い	오늘 저녁	今晩

第32課

忙しくても、
新聞は必ず読むようにしています。

1 忙しくても、新聞は必ず読むようにしています。
바빠도 신문은 꼭 읽도록 하고 있습니다.

2 最近はできるだけ、車に乗らないようにしています。
최근에는 될 수 있는 대로 차를 타지 않기로 하고 있습니다.

3 週末は家族と時間を過ごすようにしています。
주말은 가족과 시간을 보내도록 하고 있습니다.

4 一点の不良品も出ないようにしています。
한 점의 불량품도 나오지 않도록 하고 있습니다.

5 子供用はサイズを大きくするようにしています。
아동용은 사이즈를 크게 하도록 하고 있습니다.

6 お客様からの不満は、必ず解決するようにしています。
손님으로부터의 불만은 반드시 해결하도록 하고 있습니다.

문형설명

「동사＋ようにする」는 의지에 의한 귀결의 과정을 나타낸다.
「～ようにする」는 동사의 원형에 접속한다.

早起きする	→ 早起きするようにする	빨리 일어나도록 하다
食べる	→ 食べるようにする	먹도록 하다
作る	→ 作るようにする	만들도록 하다

7 重要なことは必ずメモするようにしています。

중요한 일은 반드시 메모하도록 하고 있습니다.

8 全社員に通勤バスを利用するようにしています。

전 사원에게 통근 버스를 이용하도록 하고 있습니다.

9 今度のテストを成績に反映するようにしています。

이번 시험을 성적에 반영하도록 하고 있습니다.

10 健康のため、階段を利用するようにしています。

건강을 위해 계단을 이용하도록 하고 있습니다.

11 家ではできるだけ、英語で話すようにしています。

집에서는 가능한 한, 영어로 말하도록 하고 있습니다.

12 授業中には日本語で質問するようにしています。

수업 중에는 일본어로 질문하도록 하고 있습니다.

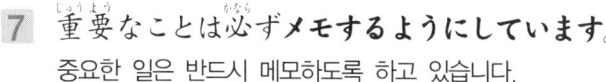

단어힌트

중요한 일	重要なこと	통근버스	通勤バス
반영하다	反映する	계단	階段

69

学生に優しくする先生が好きです。

1 学生に優しくする先生が好きです。
   학생에게 부드럽게 하는 선생님이 좋습니다.

2 スタイルをもっと美しくする服と化粧品です。
   스타일을 더 아름답게 하는 옷과 화장품입니다.

3 気を悪くしないで、私の話を聞いてください。
   기분 나빠하지 말고 내 얘기를 들어 주세요.

4 看板をもう少し高くしたほうがよく見えるでしょう。
   간판은 좀 더 높이 다는 편이 잘 보이겠지요.

5 かべの色を明るくした教室で勉強しています。
   벽 색깔을 밝게 한 교실에서 공부하고 있습니다.

6 お風呂のお湯の温度は熱くしません。
   목욕탕의 더운 물 온도는 뜨겁지 않게 합니다.

📘 문형설명

「형용사＋する」는 의지적으로 변화를 주어, 어떤 상황으로 만드는 것을 나타낸다.
「～する」는 형용사의 「ない」형에 접속된다.

短い	→ 短くする	짧게 하다
易しく	→ 易しくする	쉽게 히다
明るい	→ 明るくする	밝게 하다

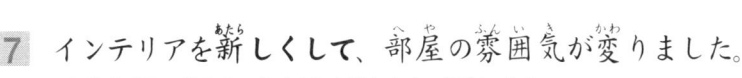

7 インテリアを新しくして、部屋の雰囲気が変りました。
인테리어를 새롭게 해서 방 분위기가 바뀌었습니다.

8 兵士の訓練は厳しくするほうがいいです。
병사 훈련은 엄하게 하는 편이 좋습니다.

9 砂糖を入れておいしくするのは、だれでもできます。
설탕을 넣어서 맛있게 하는 것은 아무나 할 수 있습니다.

10 新年を迎えて、品物の値段を安くしました。
신년을 맞이하여 물건가격을 싸게 했습니다.

11 ヘアースタイルを短くしたいですが、似合うでしょうか。
헤어스타일을 짧게 하고 싶습니다만, 어울릴까요?

12 暗くした室内では、10分もいたくありません。
어둡게 한 실내에는 10분도 있고 싶지 않습니다.

단어힌트

인테리어	インテリア	분위기	雰囲気
병사	兵士	훈련	訓練
설탕	砂糖	물건	品物
헤어스타일	ヘアースタイル	어울리다	似合う

図書館では静かにしてください。

1 図書館では静かにしてください。
도서관에서는 조용히 해 주세요.

2 面接に行けない理由を明らかにしました。
면접에 갈 수 없는 이유를 명확히 했습니다.

3 自分勝手にする人とは友だちになれません。
자기 멋대로 하는 사람과는 친구가 될 수 없습니다.

4 朝ごはんはパンとコーヒーだけで、簡単にしています。
아침밥은 빵과 커피만으로 간단하게 합니다.

5 組み立て方を簡単にしているので、だれでもできます。
조립 방법을 간단히 해서, 누구라도 할 수 있습니다.

6 経済をもっと活発にする方法を考えてみましょう。
경제를 좀 더 활발하게 하는 방법을 생각해 봅시다.

문형설명

「ナ形容사＋する」는 의지적으로 변화를 주어, 어떤 상태로 하는 것을 나타낸다.
「〜する」는 ナ形容사의 연용형에 접속된다.

定期的だ → 定期的にする　정기적으로 하다
楽だ → 楽にする　편하게 하다
勝手だ → 勝手にする　멋대로 하다

7 兄は会社の仕事だけは**まじめにする**タイプです。

형은 회사 일만큼은 성실하게 하는 타입입니다.

8 お客さんに以前より**親切にしています**。

손님에게 이전보다 친절하게 대하고 있습니다.

9 大事にしていた結婚指輪がなくなりました。

소중히 간직하던 결혼 반지가 없어졌습니다.

10 心を新たにして、新年を迎えたいです。

마음을 새롭게 하여 새해를 맞이하고 싶습니다.

11 おばあさんのお誕生日のパーティーは盛大にしましょう。

할머니 생신 파티는 성대하게 합시다.

12 収入と支出の計算は正確にしてください。

수입과 지출 계산은 정확하게 해 주세요.

단어힌트 🔍

이전	以前	소중히 하다	大事にする
결혼반지	結婚指輪	새롭게 하다	新たにする
수입	収入	지출	支出

今日は晴れているけど、寒い日です。

1 今日は晴れているけど、寒い日です。
오늘은 맑게 개어 있지만, 추운 날입니다.

2 日本語は難しいけど、けっこうおもしろいです。
일본어는 어렵지만, 꽤 재미있습니다.

3 体は小さいけど、元気いっぱいの子供です。
몸집은 작지만, 원기 왕성한 아이입니다.

4 夜遅くまで勉強するけど、成績は上がりません。
밤늦게까지 공부하지만, 성적은 오르지 않습니다.

5 日曜日にも残業するけど、手当てはもらえません。
일요일에도 잔업 하지만, 수당은 받지 못합니다.

6 下宿は駅から近くていいけど、家賃が多少高いです。
하숙집은 역에서 가까워서 좋지만, 집세가 다소 비쌉니다.

📖 문형설명

「동사·형용사·ナ형용사·명사+けど」는 역접의 표현을 나타낸다.
「~けど」는 원형에 접속된다.

疲れる	→ 疲れるけど	피곤하지만
よい・いい	→ よいけど	좋시만
にぎやかだ	→ にぎやかだけど	북적거리지만

7 すこし寒いけど、かえって気持はいいです。
좀 춥지만, 오히려 기분은 좋습니다.

8 海外旅行はパリもいいけど、東京がもっといいです。
해외여행은 파리도 좋지만, 도쿄가 더 좋습니다.

9 社長は忙しいけど、山田部長はひまです。
사장님은 바쁘지만, 야마다 부장님은 한가합니다.

10 デザインは気に入るけど、すこし高いですね。
디자인은 마음에 들지만, 좀 비싸군요.

11 一人暮らしは寂しいけど、いい点もあります。
독신생활은 쓸쓸하지만, 좋은 점도 있습니다.

12 午前中は雨が降ったけど、今は上がりました。
오전 중에는 비가 내렸지만, 지금은 그쳤습니다.

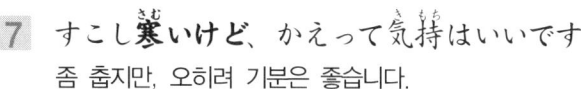

파리	パリ	한가하다	ひまだ
디자인	デザイン	마음에 들다	気に入る
독신생활	一人暮らし	(비가)그치다	上がる

ホラー映画でも、全然怖くない時もあります。

1 **ホラー映画でも、全然怖くない時もあります。**
공포영화라도 무섭지 않을 때도 있습니다.

2 **子供でも、そのくらいのことは分るはずです。**
어린이라도 그 정도의 일은 알 겁니다.

3 **夏でもセーターを着ている人もいます。**
여름에도 스웨터를 입고 있는 사람도 있습니다.

4 **いくら金持ちでも、心はお金で買えません。**
아무리 부자라도 마음은 돈으로 살 수 없습니다.

5 **スピーチ大会は性別を問わず、だれでも参加できます。**
스피치 대회는 성별에 관계없이, 누구라도 참가할 수 있습니다.

6 **男の子でも、人形遊びが好きな子もいます。**
남자아이라도 인형놀이를 좋아하는 아이도 있습니다.

📘 문형설명

「명사＋でも」는 역접의 조건 표현이다.

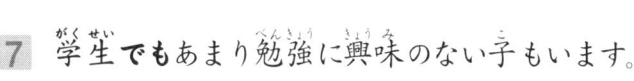

7 学生でもあまり勉強に興味のない子もいます。
学생이라도 그다지 공부에 흥미가 없는 아이도 있습니다.

8 この本は小学生でも読める内容です。
이 책은 초등학생도 읽을 수 있는 내용입니다.

9 会社員はだれでも、すぐ昇進するのではありません。
회사원은 누구라도 금방 승진하는 것은 아닙니다.

10 真夏でも北海道では、クーラーなど要りません。
한여름에도 홋카이도에서는 에어컨 따위는 필요 없습니다.

11 女性でも男性より、力の強い人もけっこういます。
여성이라도 남성보다 힘이 센 사람도 꽤 있습니다.

12 赤信号でも道を渡る人がいます。
빨간 신호에도 길을 건너는 사람이 있습니다.

단어힌트

흥미	興味		승진	昇進
한여름	真夏		홋카이도	北海道
꽤·상당히	けっこう·かなり		빨간 신호	赤信号
건너다	渡る			

いくら化粧しても、年は隠せません。

1. いくら化粧しても、年は隠せません。
   아무리 화장해도, 나이는 감출 수 없습니다.

2. いくら注意しても、事故は避けられません。
   아무리 주의해도, 사고는 피할 수 없습니다.

3. いくら読んでも、漢字の意味が分りません。
   아무리 읽어도 한자의 의미를 모르겠습니다.

4. いくら呼んでも、返事がありません。
   아무리 불러봐도, 대답이 없습니다.

5. いくら勉強しても、理解できないところもあります。
   아무리 공부해도, 이해되지 않는 곳도 있습니다.

6. いくら電話をかけても、だれも出ません。
   아무리 전화를 걸어도, 아무도 받지 않습니다.

문형설명

「いくら＋동사ても」는 역접의 조건을 표현한다.

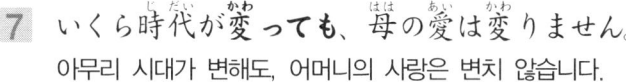

7 いくら時代が変っても、母の愛は変りません。
아무리 시대가 변해도, 어머니의 사랑은 변치 않습니다.

8 いくら練習しても、すぐ上手にはなれません。
아무리 연습해도, 금방 능숙해지지는 않습니다.

9 いくら待っても、彼女は来ませんでした。
아무리 기다려도, 그녀는 오지 않았습니다.

10 いくら失敗しても、また挑戦するつもりです。
아무리 실패해도, 다시 도전할 생각입니다.

11 いくら寝ても、疲れはなかなか取れません。
아무리 자도, 피곤은 좀처럼 풀리지 않습니다.

12 いくら説得しても、入院はしたくありません。
아무리 설득해도, 입원은 하고 싶지 않습니다.

단어힌트

시대가 변하다	時代が変わる	실패하다	失敗する
도전하다	挑戦する	피곤이 풀리다	疲れが取れる
설득하다	説得する		

いくらおいしくても、
食べすぎはよくありません。

1 いくら**おいしくても**、食べすぎはよくありません。
아무리 맛있어도, 과식은 좋지 않습니다.

2 給料は**少なくても**、やりがいのある仕事がしたいです。
급료는 적어도, 보람 있는 일을 하고 싶습니다.

3 受験勉強が**苦しくても**、諦めたくはありません。
입시공부가 힘들어도, 포기하고 싶지는 않습니다.

4 値段は多少**高くても**、品質は保証します。
가격은 다소 비싸도, 품질은 보증합니다.

5 部屋は**狭くても**、押し入れがあって便利です。
방은 좁아도, 벽장이 있어서 편리합니다.

6 考え方は**古くても**、話はよく通じます。
사고방식은 고루하지만, 이야기는 잘 통합니다.

📘 문형설명

「형용사＋ても」는 역접의 조건 표현이다.
「～ても」는 형용사의 어미를 「く」로 바꾸어 접속한다.

暑い	→ 暑くても	더워도
古い	→ 古くても	낡아도
痛い	→ 痛くても	아파도

7 寒くても、外に出て遊びたいです。
추워도, 밖에 나가서 놀고 싶습니다.

8 回りがうるさくても、子供は静かに眠っています。
주위가 시끄러워도, 아이는 조용히 자고 있습니다.

9 いくら安くても、あまり買いたくない服です。
아무리 싸도, 별로 사고 싶지 않은 옷입니다.

10 外見は美しくても、心はそれと反対の人もいます。
외견은 아름다워도, 마음은 그것과 반대인 사람도 있습니다.

11 いくらお金が多くても、お金で買えない物もあります。
아무리 돈이 많아도, 돈으로 살 수 없는 것도 있습니다.

12 いくら子供がかわいくても、厳しくする必要があります。
아무리 어린이가 귀여워도, 엄하게 할 필요가 있습니다.

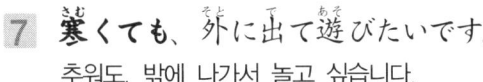

밖	外	주위	回り
옷	服	외견	外見
반대	反対	엄하게 하다	厳しくする
귀엽다	かわいい		

●●● 第**39**課

田舎は交通は不便でも、空気がきれいです。

1 田舎は交通は不便でも、空気がきれいです。
시골은 교통은 불편해도, 공기가 깨끗합니다.

2 ドレスがきれいでも、今は買う金がありません。
드레스가 예뻐도, 지금은 살 돈이 없습니다.

3 生活は豊かでも、環境はどんどん悪くなっています。
생활은 풍요로워도, 환경은 점점 나빠지고 있습니다.

4 親は心配でも、子供は平気に笑っています。
부모는 걱정 되도, 아이는 아무렇지도 않게 웃고 있습니다.

5 世界的に有名でも、国内ではあまり人気がありません。
세계적으로 유명해도, 국내에서는 별로 인기가 없습니다.

6 授業が退屈でも、学生たちはよく我慢しています。
수업이 지루해도, 학생들은 잘 참고 있습니다.

📖 **문형설명**

「ナ形容詞＋でも」는 역접의 조건 표현이다.
「～でも」는 ナ形容詞의 어간에 접속된다.

ひまだ	→ ひまでも	한가해도
静かだ	→ 静かでも	조용해도
きれいだ	→ きれいでも	예뻐도

82

7 彼が好きでも、結婚までは考えていません。
그가 좋아도, 결혼까지는 생각하고 있지 않습니다.

8 試験の結果が不安でも、今は待つしかありません。
시험 결과가 불안해도, 지금은 기다릴 수밖에 없습니다.

9 生活するには都市が便利でも、家賃が高いです。
생활하기에는 도시가 편리해도, 집세가 비쌉니다.

10 家柄は立派でも、性格はそうでもありません。
집안은 훌륭해도, 성격은 그렇지도 않습니다.

11 今は海が静かでも、一瞬変る時もあります。
지금은 바다가 조용해도, 일순간 변할 때도 있습니다.

12 環境は快適でも、交通は不便なところです。
환경은 쾌적해도, 교통은 불편한 곳입니다.

단어힌트 🔍

결과	結果	집세	家賃
집안·가문	家柄	일순간	一瞬
환경	環境	쾌적하다	快適だ

学生なのに、あまり勉強に関心がありません。

1 学生なのに、あまり勉強に関心がありません。
학생인데, 별로 공부에 관심이 없습니다.

2 赤信号なのに、止まらない車もあります。
빨간 신호인데, 서지않는 차도 있습니다.

3 春なのに、まだ寒い日が続いています。
봄인데도, 아직 추운 날이 계속되고 있습니다.

4 あのレストランは年中無休なのに、今日に限って休みですね。
저 레스토랑은 연중무휴인데, 하필 오늘은 쉬는군요.

5 高いカメラなのに、まだ一度も使っていません。
비싼 카메라인데, 아직 한 번도 쓰지 않았습니다.

6 まだ子供なのに、難しい本をよく読みますね。
아직 어린아이인데, 어려운 책을 잘 읽는군요.

🔲 문형설명

「명사＋なのに」는 예상이나 기대에서 벗어난 사실을 표현하는 역접의 조건 표현이다.

7 おじいさんは男なのに、料理が得意です。
할아버지는 남자인데, 요리가 특기입니다.

8 秋なのに、気温はまだ高いです。
가을인데, 기온은 아직 높습니다.

9 兄は歌手なのに、歌はあまり上手ではありません。
형은 가수인데, 노래는 별로 잘하지 못합니다.

10 セール期間なのに、デパートには人が少ないです。
세일 기간인데, 백화점에는 사람이 적습니다.

11 休日なのに、仕事が多くて休むことができません。
휴일인데, 일이 많아서 쉴 수가 없습니다.

12 そのうわさが真実なのに、誰も信じません。
그 소문이 사실인데, 아무도 믿지 않습니다.

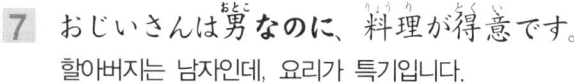

특기다	得意	기온	気温
세일	セール	소문	うわさ
사실·진실	真実	믿다	信じる

部屋を借りるのに、たくさんのお金を使いました。

1 部屋を借りる**のに**、たくさんのお金を使いました。
방을 빌리는데, 많은 돈을 썼습니다.

2 友だちと約束がある**のに**、うっかり忘れていました。
친구와 약속이 있는데, 깜박 잊고 있었습니다.

3 子供は熱がある**のに**、学校へ行きました。
아이는 열이 있는데, 학교에 갔습니다.

4 駅にやっと着いた**のに**、電車は出発してしまいました。
역에 겨우 도착했는데, 전차는 출발해 버렸습니다.

5 かさを買った**のに**、雨が止んでしまいました。
우산을 샀는데, 비가 그쳐버렸습니다.

6 晩ごはんを食べた**のに**、また何かほしいです。
저녁을 먹었는데, 또 뭔가 먹고 싶습니다.

문형설명

「동사 + のに」는 예상이나 기대에서 벗어난 사실을 표현하는 역접의 조건 표현이다.
「～のに」는 동사의 원형·과거형 등에 접속된다.

休む	→ 休むのに	쉬는데
	休んだのに	쉬었는데
起きる	→ 起きるのに	일어나는데
	起きたのに	일어났는데
注意する	→ 注意するのに	주의하는데
	注意したのに	주의했는데

7　あれほど注意したのに、また遅刻ですね。

그만큼 주의했는데, 또 지각이군요.

8　学校へ来たのに、授業はもう終わってしましました。

학교에 왔는데, 수업은 벌써 끝나버렸습니다.

9　バスを一時間も待っているのに、まだ来ません。

버스를 한 시간이나 기다렸는데, 아직 안 옵니다.

10　先週、給料をもらったのに、あまり残っていません。

지난 주 급료를 받았는데, 별로 남아있지 않습니다.

11　部屋の電気をつけたのに、それでも暗いです。

방의 전기를 켰는데, 그래도 어둡습니다.

12　恋人と一緒にいるのに、あまり楽しくないです。

애인과 함께 있는데, 별로 즐겁지 않습니다.

단어힌트 🔍

그 만큼	あれほど	지각	遅刻
급료	給料	애인	恋人

この食堂はまずいのに、人は多いです。

1 この食堂はまずいのに、人は多いです。

이 식당은 맛이 없는데, 사람은 많습니다.

2 部屋は広いのに、窓が小さいです。

방은 넓은데, 창문이 작습니다.

3 背が高いのに、いつもハイヒールをはきます。

키가 큰데, 늘 하이힐을 신습니다.

4 問題は易しいのに、点数はよくありません。

문제는 쉬운데, 점수는 좋지 않습니다.

5 理由もないのに、あなたからお金をもらうわけにはいきません。

이유도 없는데, 당신한테 돈을 받을 수는 없습니다.

6 今日は暑いのに、クーラーをつけていませんね。

오늘은 더운데 에어컨을 안 틀었군요.

🗂 문형설명

「형용사＋のに」는 예상이나 기대에서 벗어난 사실을 표현하는 역접의 조건 표현이다.
「～のに」는 형용사의 원형에 접속된다.

ない	→ ないのに	없는데
易しい	→ 易しいのに	쉬운데
若い	→ 若いのに	젊은데
遠い	→ 遠いのに	먼데

7 こんなに寒いのに、子供は外で遊んでいます。

이렇게 추운데, 아이는 밖에서 놀고 있습니다.

8 仕事が忙しいのに、だれも手伝ってくれません。

일이 바쁜데, 아무도 도와주지 않습니다.

9 部屋がきたないのに、掃除しようともしません。

방이 더러운데, 청소하려고도 하지 않습니다.

10 バイクは危ないのに、毎日乗っています。

오토바이는 위험한데, 매일 타고 있습니다.

11 値段は安いのに、あまり売れない商品です。

가격은 싼데, 별로 팔리지 않는 상품입니다.

12 BMWは高いのに、2台も買う人もいます。

BMW는 비싼데, 2대나 사는 사람도 있습니다.

단어힌트 🔍

도와주다	手伝う	더럽다	きたない
위험하다	危ない	품질	品質

父は元気なのに、病院通いが多いです。

1 父は元気なのに、病院通いが多いです。
아버지는 건강한데, 병원 다니는 일이 많습니다.

2 体は丈夫なのに、気が弱くて心配です。
몸은 튼튼한데, 기가 약해서 걱정입니다.

3 図書館は静かなのに、勉強がよくできません。
도서관은 조용한데, 공부가 잘 되지 않습니다.

4 店員は親切なのに、お客さんは少ないです。
점원은 친절한데, 손님은 적습니다.

5 花嫁は背が高くてきれいなのに、新郎は正反対です。
신부는 키가 크고 예쁜데, 신랑은 정반대입니다.

6 あの歌手は有名なのに、あまりテレビには出ません。
저 가수는 유명한데, 별로 TV에는 나오지 않습니다.

📖 문형설명

「ナ形容詞＋のに」는 예상이나 기대에서 벗어난 사실을 표현하는 역접의 조건 표현이다.
「〜のに」는 ナ形容詞의 연체형에 접속된다.

元気だ	→	元気なのに　건강한데
嫌いだ	→	嫌いなのに　싫어하는데
安全だ	→	安全なのに　안전한데

7 交通は便利**なのに**、お店が少ないです。

교통은 편리한데, 가게가 적습니다.

8 お金は必要**なのに**、稼ごうとしません。

돈은 필요한데, 벌려고 하지 않습니다.

9 山田さんは英語が下手**なのに**、英語で日記を付けます。

야마다씨는 영어가 서툰데, 영어로 일기를 적습니다.

10 生活は豊か**なのに**、心の余裕がありません。

생활은 풍요로운데, 마음의 여유가 없습니다.

11 あの人はきれい**なのに**、まだ恋人がいません。

저 사람은 예쁜데, 아직 애인이 없습니다.

12 世界的に有名**なのに**、まだノーベル賞をもらっていません。

세계적으로 유명한데, 아직 노벨상을 받지 않았습니다.

단어힌트

필요하다	必要だ	(돈을)벌다	稼ぐ
일기를 적다	日記を付ける	풍요롭다	豊かだ
세계적	世界的	노벨상	ノーベル賞

金さんは日本語を話すことができます。

1 金さんは日本語を話すことができます。
김씨는 일본어를 할 수 있습니다.

2 鈴木さんはチャーハンを作ることができますか。
스즈키씨는 볶음밥을 만들 수 있습니까?.

3 免許証を取ったから、運転することができます。
면허증을 땄으니까 운전을 할 수 있습니다.

4 妹はおいしいクッキーを焼くことができます。
여동생은 맛있는 쿠키를 구울 수 있습니다.

5 原稿を締め切りまで提出することができますか。
원고를 마감까지 제출할 수 있습니까?

6 李さんはフランス語を話すことができます。
이씨는 프랑스어를 할 수 있습니다.

📘 **문형설명**

「동사＋ことができる」는 가능을 나타낸다.
「～ことができる」는 동사의 원형에 접속된다.

書く	→ 書くことができる	쓸 수 있다
食べる	→ 食べることができる	먹을 수 있다
乗る	→ 乗ることができる	탈 수 있다

7 あなたは納豆を食べることができますか。

당신은 낫토를 먹을 수 있습니까?

8 山田さんはピアノを弾くことができます。

야마다씨는 피아노를 칠 수 있습니다.

9 野球をすることはできますが、水泳はできません。

야구를 할 수는 있지만, 수영은 할 수 없습니다.

10 あなたはドイツ語を読むことができますか。

당신은 독일어를 읽을 수 있습니까?

11 この文章を日本語に訳すことができますか。

이 문장을 일본어로 번역할 수 있습니까?

12 この食堂ではいろんな魚料理を食べることができます。

이 식당에서는 여러가지 생선요리를 먹을 수 있습니다.

단어힌트

낫토(청국장과 유사)	納豆	피아노를 치다	ピアノを弾く
문장	文章	번역하다	訳す・翻訳する

第45課

室内でタバコを吸うことはできません。

1 室内でタバコを吸うことはできません。
실내에서 담배를 피울 수 없습니다.

2 芝生に入ることはできません。
잔디밭에 들어갈 수 없습니다.

3 展示品などに手を触れることはできません。
전시품 등에 손을 대서는 안 됩니다.

4 18才以上でないと、お酒を飲むことはできません。
18세 이상이 아니면, 술을 마실 수 없습니다.

5 飲み物を持って、電車に乗ることはできません。
음료수를 들고, 전차를 탈 수 없습니다.

6 閉架の本に限って、貸し出しすることはできません。
폐가 책에 한하여, 대출을 할 수 없습니다.

문형설명

「동사＋ことができない」는 일반적인 사항에서의 불가능을 나타낸다.
「〜ことができない」는 동사의 원형에 접속한다.

吸う → 吸うことはできない　피울 수 없다
触れる → 触れることはできない　손을 대서는 안 된다
飲む → 飲むことはできない　마실 수 없다

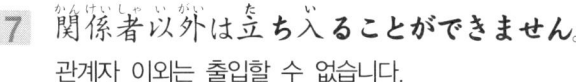

7 関係者以外は立ち入ることができません。
관계자 이외는 출입할 수 없습니다.

8 未成年者はタバコを吸うことができません。
미성년자는 담배를 피울 수 없습니다.

9 忘年会は一ヶ月前でないと予約することができません。
망년회는 1개월 전이 아니면 예약을 할 수 없습니다.

10 駐車場以外の所はどんな車でも駐車することはできません。
주차장 이외의 곳은 어떤 차도 주차할 수 없습니다.

11 館内ではいっさい写真を撮ることはできません。
관내에서는 일체 사진을 찍을 수 없습니다.

12 受験生は試験が終わるまで、話すことはできません。
수험생은 시험이 끝날 때까지 이야기를 할 수 없습니다.

단어힌트

관계자	関係者	출입하다	立ち入る
미성년자	未成年者	망년회	忘年会
예약하다	予約する	주차하다	駐車する
관내	館内	수험생	受験生

日本の小説を読んだことがありますか。

にほん　しょうせつ　　　よ

1　日本の小説を読んだことがありますか。
にほん　しょうせつ
일본소설을 읽은 적이 있습니까?

2　東京ディズニーランドへ行ったことがありますか。
とうきょう
도쿄 디즈니랜드에 간 적이 있습니까?

3　札幌雪祭りを見物に行ったことがあります。
さっぽろゆきまつ　　　けんぶつ　い
삿포로 눈 축제를 구경 간 적이 있습니다.

4　大阪へは行ったことがありますが、沖縄はありません。
おおさか　　い　　　　　　　　　　　おきなわ
오사카에 간 적이 있습니다만, 오키나와는 없습니다.

5　若い時はお金がなくて困ったことがあります。
わか　とき　　かね　　　　　　　こま
젊을 때는 돈이 없어서 곤란한 적이 있습니다.

6　外国人に焼き肉をごちそうしたことがあります。
がいこくじん　や　にく
외국인에게 불고기를 대접한 적이 있습니다.

📘 문형설명

「동사과거형＋ことがある」는 경험의 유무를 나타낸다.

作る	→ 作ったことがある	만든 적이 있다
見る	→ 見たことがある	본 적이 있다
乗る	→ 乗ったことがある	탄 적이 있다
助ける	→ 助けたことはある	도운 적이 있다

7 スピーチ大会に参加したことがあります。

스피치대회에 참가한 적이 있습니다.

8 バラの花たばをもらったことがあります。

장미 꽃다발을 받은 적이 있습니다.

9 ひどい風邪で入院したことがあります。

심한 감기로 입원한 적이 있습니다.

10 学校の授業に欠席したことがあります。

학교 수업에 결석한 적이 있습니다.

11 最近、ホラー映画を見たことがありますか。

최근 공포 영화를 본 적이 있습니까?

12 富士山の頂上まで登ったことがあります。

후지산 정상까지 올라 간 적이 있습니다.

단어힌트 🔍

스피치 대회	スピーチ大会	꽃다발	花たば
결석하다	欠席する	공포영화	ホラー映画
정상	頂上		

外国での一人暮しは寂しいことがあります。

1 外国での一人暮しは寂しいことがあります。
　　외국에서의 혼자 생활은 외로울 적이 있습니다.

2 地球の温暖化で、冬でも暖かいことがあります。
　　지구의 온난화로 겨울에도 따뜻한 적이 있습니다.

3 おなかがすいた時は、何でもおいしいことがあります。
　　배가 고플 때는 뭐든지 맛있을 때가 있습니다.

4 デパートがたまには市場より安いことがあります。
　　백화점이 가끔은 시장보다 쌀 때가 있습니다.

5 安全な電気でも、危ないことがあります。
　　안전한 전기라도, 위험할 적이 있습니다.

6 ラッシュアワーの時はタクシーより自転車が速いことがあります。
　　러쉬아워때는 택시보다 자전거가 빠를 때가 있습니다.

📗 **문형설명**

「형용사 + ことがある」는 뭔가가 일어날 가능성의 유무를 나타낸다.
「〜ことがある」는 형용사의 원형에 접속된다.

安い	→ 安いことがある	쌀 적(때)이 있다
うるさい	→ うるさいことがある	시끄러울 적(때)이 있다
おいしい	→ おいしいことがある	맛있을 적(때)이 있다
速い	→ 速いことがある	빠를 적(때)이 있다

7 厳しい親がうらやましいことがあります。
엄한 부모가 부러울 때가 있습니다.

8 車より歩くほうが速いことがあります。
차보다 걷는 것이 빠를 때가 있습니다.

9 子供用が大人用より高いことがあります。
어린이용이 어른용보다 비쌀 때가 있습니다.

10 一人で夜道を歩くのが怖いこともあります。
혼자서 밤길을 걷는 것이 무서울 때도 있습니다.

11 故郷の山野が懐かしいことがあります。
고향의 산야가 그리운 적이 있습니다.

12 ブラックコーヒーがとくにおいしいことがあります。
블랙 커피가 특히 맛있을 때가 있습니다.

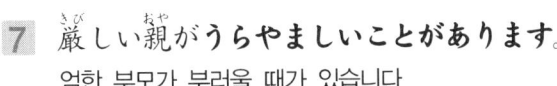

단어힌트 🔍

엄하다	厳しい	부럽다	うらやましい
어린이용	子供用	어른용	大人用
밤길	夜道	산야	山野
그립다	懐かしい	블랙커피	ブラックコーヒー

難しい問題がむしろ簡単なことがあります。

1 難しい問題がむしろ簡単なことがあります。
어려운 문제가 오히려 간단할 때가 있습니다.

2 試合前の準備運動が、何より大事なことがあります。
시합 전의 준비운동이 무엇보다 중요할 때가 있습니다.

3 八百屋の野菜でも、新鮮ではないことがあります。
야채가게의 야채라도, 신선하지 않을 때가 있습니다.

4 私には要らないものでも、人には必要なことがあります。
나에게는 필요 없는 것이라도, 다른 사람에게는 필요할 때가 있습니다.

5 平素は地味な人でも、時々派手なことがあります。
평소에는 수수한 사람이라도, 때로는 화려할 때가 있습니다.

6 道端のみすぼらしい花でも、きれいなことがあります。
길가의 초라한 꽃이라도, 예쁠 때가 있습니다.

문형설명

「ナ형용사 + ことがある」는 무언가가 일어날 가능성이나 경우를 나타낸다.
「～ことがある」는 ナ형용사의 연체형에 접속한다.

上手だ → 上手なことがある 능숙할 때가 있다
危険だ → 危険なことがある 위험할 때가 있다
新鮮だ → 新鮮なことがある 신선할 때가 있다

7 子供でも大人より立派なことがあります。
아이라도 어른보다 훌륭할 때가 있습니다.

8 歌は下手でも、ピアノが上手なことがあります。
노래는 서툴러도, 피아노가 능숙한 때가 있습니다.

9 うるさい人でも、たまには静かなことがあります。
시끄러운 사람이라도, 가끔은 조용한 때가 있습니다.

10 厳しい父でも、たまには穏やかなことがあります。
엄한 아버지라도, 가끔은 온화할 때가 있습니다.

11 都市の真ん中でも、交通が不便なことがあります。
도시의 한가운데라도, 교통이 불편할 때가 있습니다.

12 安全な国でも、一人で旅行するのは危険なことがあります。
안전한 나라라도, 혼자서 여행하는 것은 위험할 때가 있습니다.

단어힌트 🔍

가끔은	たまには	온화하다	穏やかだ
한가운데	真ん中	안전한 나라	安全な国

今日はタクシーで帰ることはありません。

1 今日はタクシーで帰ることはありません。
오늘은 택시로 돌아갈 필요는 없습니다.

2 あなたが迎えに行くことはありません。
당신이 마중 나갈 필요는 없습니다.

3 一人で行けますから、心配することはありません。
혼자서 갈 수 있으니까, 걱정할 필요는 없습니다.

4 毎日外食するので、ごはんを炊くことはありません。
매일 외식을 하니까, 밥을 지을 필요는 없습니다.

5 時間は十分ありますから、急ぐことはありません。
시간은 충분히 있으니까, 서두를 필요는 없습니다.

6 野菜をデパートで買うことはありません。
야채를 백화점에서 살 필요는 없습니다.

문형설명

「동사＋ことはない」는 불필요를 나타낸다.

来る → 来ることはない　올 필요는 없다
急ぐ → 急ぐことはない　서두를 필요는 없다
怒る → 怒ることはない　화낼 필요는 없다

7 来ない人を待つことはありません。
오지않는 사람을 기다릴 필요는 없습니다.

8 大学に合格したから、心配することはありません。
대학에 합격했으니까, 걱정할 필요는 없습니다.

9 毎日花に水をやることはありません。
매일 꽃에 물을 줄 필요는 없습니다.

10 これは冗談ですから、怒ることはありません。
이것은 농담이니까, 화낼 필요는 없습니다.

11 暖かくなったから、暖房をつけることはないでしょう。
따뜻해졌으니까 난방을 켤 필요는 없겠지요.

12 地図がありますから、道に迷うことはありません。
지도가 있으니까, 길을 잃은 일은 없습니다.

단어힌트 🔍

물을 주다	水をやる	농담	冗談
난방	暖房	길을 잃다	道に迷う

●●● 第50課

夕陽が海の中に沈むところです。

1 夕陽が海の中に沈むところです。
석양이 바다 속으로 잠기려는 참입니다.

2 焼きたてのパンを食べるところです。
막 구운 빵을 먹으려는 참입니다.

3 今ちょうど、レポートを出すところです。
지금 마침 레포트를 제출하려는 참입니다.

4 ベールが鳴って、電話に出るところです。
벨이 울려서 전화를 받으려는 참입니다.

5 家主に今月の家賃を払うところです。
집주인에게 이번 달 집세를 지불하려는 참입니다.

6 今ニュースを聞くためテレビをつけるところです。
지금 뉴스를 듣기위해 텔레비전을 틀려는 참입니다.

🔷 문형설명

「동사 원형＋ところだ」는 동작·작용이 일어나기 전의 상태를 나타낸다.

座る → 座るところだ 앉으려던 참이다

行く → 行くところだ 가려던 참이다

洗う → 洗うところだ 씻으려던 참이다

7 今ベッドに入るところです。
지금 침대에 들어가려는 참입니다.

8 お客さんが来られて、お茶を入れるところです。
손님이 오셔서 차를 내려던 참입니다.

9 今、病院で初孫が生まれるところです。
지금 병원에서 첫손자가 태어나려는 참입니다.

10 昨夜いい夢をみて、宝くじを買うところです。
어제 밤 좋은 꿈을 꾸어 복권을 사려는 참입니다.

11 用件があって、あなたに電話をかけるところです。
용건이 있어 당신에게 전화를 걸려는 참입니다.

12 昨日買って来た新刊の雑誌を読むところです。
어제 사 온 신간 잡지를 읽으려는 참입니다.

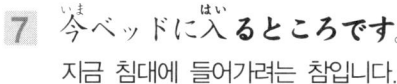
단어힌트

침대	ベッド	차를 내다	お茶を入れる
첫 손자	初孫	꿈을 꾸다	夢をみる
복권	宝くじ	신간	新刊
잡지	雑誌		

ケーキを食べているところです。

1 ケーキを**食べているところ**です。
케이크를 먹고 있는 참입니다.

2 ひさしぶりに買い物を**しているところ**です。
오랜만에 쇼핑하고 있는 참입니다.

3 進学はやめて、就職を**考えているところ**です。
진학은 포기하고 취직을 생각하고 있는 참입니다.

4 野菜てんぷらを**あげているところ**です。
야채튀김을 튀기고 있는 참입니다.

5 掃除を終えて、ゆっくりコーヒーを**飲んでいるところ**です。
청소를 끝내고 천천히 커피를 마시고 있는 참입니다.

6 友だらの誕生日のパーティーを**しているところ**です。
친구의 생일파티를 하고 있는 참입니다.

문형설명

「동사＋ているところだ」는 어떤 상황이 진행되고 있는 도중을 나타낸다.

食べる	→	食べているところだ	먹고 있는 참이다
習う	→	習っているところだ	배우고 있는 참이다
やる	→	やっているところだ	하고 있는 참이다
予約する	→	予約しているところだ	예약하고 있는 참이다

7 家内の誕生日のプレゼントを選んでいるところです。
아내의 생일선물을 고르고 있는 참입니다.

8 朝刊記事を読んでいるところです。
조간 기사를 읽고 있는 참입니다.

9 でかけるため、顔を洗っているところです。
외출하기 위해 세수를 하고 있는 참입니다.

10 一人でビールを飲んでいるところです。
혼자서 맥주를 마시고 있는 참입니다.

11 明日ある試験勉強をしているところです。
내일 있을 시험공부를 하고 있는 참입니다.

12 家に帰ってテレビを見ているところです。
집에 돌아와서 텔레비전을 보고 있는 참입니다.

단어힌트

고르다	選ぶ	조간기사	朝刊記事
맥주	ビール		

両親からの電話を切ったところです。

---

1 両親からの電話を切ったところです。
부모님에게 온 전화를 막 끊은 참입니다.

2 今起きたところですから、まだ眠いです。
지금 막 일어난 참이어서, 아직 졸립니다.

3 ちょうど夕食を食べ終わったところです。
마침 저녁을 막 먹은 참입니다.

4 海外旅行から帰って来たところです。
해외여행에서 막 돌아온 참입니다.

5 今、シャワーを浴びたところです。
지금 막 샤워를 하고 난 참입니다.

6 やっと部屋の掃除が終わったところです。
겨우 방 청소가 끝난 참입니다.

🔷 문형설명

「동사た형＋ところだ」는 동작이나 작용이 완료된 후를 나타낸다.

起きる	→ 起きたところだ	막 일어난 참이다
飲む	→ 飲んだところだ	막 마신 참이다
帰る	→ 帰ったところだ	막 돌아온 참이다

7 食事の準備が終わったところです。
식사 준비가 막 끝난 참입니다.

8 博士論文を完成したところです。
박사논문을 막 완성한 참입니다.

9 コンサートが始まったところです。
콘서트가 막 시작된 참입니다.

10 焼きたてのパンを待っていたところです。
갓 구운 빵을 기다리고 있던 참입니다.

11 ソウル行きのバスに乗ったところです。
서울행 버스를 막 탄 참입니다.

12 テニス試合が終わったところです。
테니스 시합이 막 끝난 참입니다.

단어힌트 🔍

박사논문	博士論文	완성하다	完成する
콘서트	コンサート	갓 구운	焼きたて
테니스	テニス		

家に帰ると、玄関のドアが開けてありました。

1 家に帰ると、玄関のドアが開けてありました。
집에 돌아오자 현관문이 열려져 있었습니다.

2 このパンには砂糖がたくさん入れてあります。
이 빵에는 설탕이 많이 들어있습니다.

3 つくえの上にかわいい人形が置いてあります。
책상 위에 귀여운 인형이 놓여 있습니다.

4 ノートに林さんの名前が書いてあります。
노트에 하야시씨의 이름이 쓰여 있습니다.

5 壁にいろいろな絵が掛けてあります。
벽에 여러 가지 그림이 걸려 있습니다.

6 外に知らない人の車が止めてあります。
밖에 모르는 사람 차가 세워져 있습니다.

문형설명

「동사＋てある」는 행위나 동작 결과의 상태를 나타낸다.

かたづける	→ かたづけてある	정리되어 있다
書く	→ 書いてある	써 있다
伝える	→ 伝えてある	전해 두다

7 この店には高い商品が並べてあります。
이 가게에는 비싼 상품이 진열되어 있습니다.

8 庭園には大きな木が植えてあります。
정원에는 큰 나무가 심어져 있습니다.

9 ノートに名前が消してあります。
노트에 이름이 지워져 있습니다.

10 車が前の方に移動してあります。
차가 앞쪽으로 이동해 있습니다.

11 だれもいない部屋に電気がつけてあります。
아무도 없는 방에 전기가 켜져 있습니다.

12 教室にたくさんのごみが捨ててあります。
교실에 많은 쓰레기가 버려져 있습니다.

단어힌트

상품	商品	진열하다	並べる
정원	庭園	심다	植える
지우다	消す	이동하다	移動する
쓰레기	ごみ	버리다	捨てる

海外での一年間の計画は立ててあります。

1 海外での一年間の計画は立ててあります。

해외에서의 일년간의 계획은 세워 놓았습니다.

2 昨日届いた手紙を母に渡してありますか。

어제 온 편지를 어머니에게 전했습니까?

3 遠足の行き先は決めてあります。

소풍의 행선지는 정해두었습니다.

4 ビールは冷蔵庫に入れてあります。

맥주는 냉장고에 넣어 두었습니다.

5 今月購入した品物の代金は払ってあります。

이번 달 구입한 물건 대금은 지불해 두었습니다.

6 歓迎パーティーはもう準備してあります。

환영파티를 벌써 준비해 두었습니다.

🔷 문형설명

「동사＋てある」는 준비된 행위·동작의 완료를 나타낸다.

決める	→ 決めてある	정해 두다
入れる	→ 入れてある	넣어 두다
払う	→ 払ってある	지불해 두다

7 明日のおかずはもう買ってあります。
내일 반찬은 벌써 사 두었습니다.

8 血液検査は受けてあります。
혈액 검사는 받아 두었습니다.

9 課長に出張の報告書を提出してあります。
과장님에게 출장 보고서를 제출해 두었습니다.

10 お客さんが泊る部屋はきれいに掃除してあります。
손님이 묵을 방은 깨끗이 청소해 두었습니다.

11 大学の入学金は両親が払ってあります。
대학교 입학금은 부모님이 지불해 두었습니다.

12 今日の会議の資料はコピーしてあります。
오늘 회의 자료는 복사해 두었습니다.

단어힌트

반찬	おかず	혈액검사	血液検査
출장	出張	입학금	入学金
자료	資料	복사하다	コピーする

使_{つか}わないものは、くらにしまっておきます。

1 使_{つか}わないものは、くらに**しまっておきます**。
사용하지 않는 물건은 창고에 넣어둡니다.

2 おもちゃを箱_{はこ}に**入_いれておきなさい**。
장난감을 상자에 넣어 두렴.

3 洗濯物_{せんたくもの}をたんすに整理_{せいり}**しておきます**。
세탁물을 옷장에 정리해 둡니다.

4 アルバムに母_{はは}の写真_{しゃしん}を貼_は**っておきます**。
앨범에 엄마 사진을 붙여 둡니다.

5 料理_{りょうり}をする前_{まえ}に、魚_{さかな}に塩_{しお}を**ふっておきます**。
요리를 하기 전에 생선에 소금을 뿌려 둡니다.

6 肉_{にく}は一晩_{ひとばん}**つけておく**と、柔_{やわ}らかくなります。
고기는 하룻밤 재워두면, 부드러워 집니다.

문형설명

「동사＋ておく」는 행위나 동작의 결과의 보존 상태를 나타낸다.

保存_{ほぞん}する → 保存_{ほぞん}しておく　보존해 두다

撮_とる → 撮_とっておく　찍어 두다

預_{あず}ける → 預_{あず}けておく　맡겨 두다, 예금해 두다

7 貴重なものは金庫に保管しておきます。
귀중한 물건은 금고에 보관해 둡니다.

8 発表の内容を最初から最後まで覚えておきます。
발표내용을 처음부터 끝까지 외워 둡니다.

9 電話番号は忘れないようにメモしておきます。
전화번호는 잊어버리지 않도록 메모해 둡니다.

10 ノートに英語の単語を書いておきます。
노트에 영어단어를 써 놓습니다.

11 子供が帰る前に、部屋を掃除しておきます。
아이가 돌아오기 전에 방을 청소해 둡니다.

12 現金は危ないから銀行に預けておきます。
현금은 위험하니까 은행에 예금해 둡니다.

단어힌트

귀중하다	貴重だ	금고	金庫
보관하다	保管する	외우다	覚える
메모하다	メモする	현금	現金
예금하다 · 맡기다	預ける		

両親のため、一生懸命勉強しています。

1 両親のため、一生懸命勉強しています。
부모님을 위해, 열심히 공부하고 있습니다.

2 母のため、家の掃除をしました。
엄마를 위해, 집 청소를 했습니다.

3 貧しい人のため、お金を施設に寄付しています。
가난한 사람을 위해, 돈을 시설에 기부하고 있습니다.

4 お年寄りのため、老人ホームを建てています。
노인들을 위해, 양로원을 짓고 있습니다.

5 一人暮らしのため、料理を習っています。
독신생활을 위해, 요리를 배우고 있습니다.

6 初心者のため、分りやすく作った本です。
초보자를 위해, 알기 쉽게 만든 책입니다.

문형설명

「명사＋のため」는「～를 위하여」로 수익의 대상을 나타낸다.

家族 →	家族のため	가족을 위하여
学生 →	学生のため	학생을 위하여
老人 →	老人のため	노인을 위하여

7 市民のため、公園を造成しました。
시민을 위해, 공원을 조성했습니다.

8 子供のため、スキー教室を開きました。
아이를 위해, 스키교실을 열었습니다.

9 両親のため、特別なプレゼントを買いました。
부모님을 위해, 특별한 선물을 샀습니다.

10 選手のため、特別の飲み物を開発しました。
선수를 위해, 특별한 음료수를 개발했습니다.

11 体の不自由な人のため、車いすを用意しました。
몸이 불편한 사람을 위해, 휠체어를 준비했습니다.

12 外国語を習う人のため、易しく書いた本です。
외국어를 배우는 사람을 위해, 쉽게 쓴 책입니다.

단어힌트 🔍

조성하다	造成する	스키	スキー
열다	開く	선수	選手
몸이 불편한 사람	体の不自由な人		

第57課

歌手になるために、毎日練習しています。

1. 歌手になるために、毎日練習しています。
   가수가 되기 위해서, 매일 연습합니다.

2. ビザを延長するために、アメリカに行きました。
   비자를 연장하기 위해서, 미국에 갔습니다.

3. ゲームのCDを買うために、貯金しています。
   게임 CD를 사기 위해서, 저금하고 있습니다.

4. お金を稼ぐために、バイトを始めました。
   돈을 벌기 위해서 아르바이트를 시작했습니다.

5. 親は子供を助けるために、車を止めました。
   부모는 아이를 구하기 위해서, 차를 세웠습니다.

문형설명

「동사＋ために」는 후반부의 목적을 나타낸다.

買う	→	買うために	사기 위해서
見る	→	見るために	보기 위해서
遊ぶ	→	遊ぶために	놀기 위해서

6 医者になるために、医大に入学しました。
의사가 되기 위해서, 의대에 입학했습니다.

7 やせるために、ダイエットをしています。
날씬해지기 위해서, 다이어트를 하고 있습니다.

8 本を借りるために、図書館へ行きました。
책을 빌리기 위해서, 도서관에 갔습니다.

9 約束の時間に間に合うために、ずっと走りました。
약속 시간에 대기 위해서, 줄곧 달렸습니다.

12 大学に入るために、熱心に勉強しました。
대학에 들어가기 위해, 열심히 공부했습니다.

11 環境を守るために、ごみを減らしています。
환경을 지키기 위해서, 쓰레기를 줄이고 있습니다.

단어힌트

의사	医者	의대	医大
마르다 · 날씬하다	やせる	다이어트	ダイエット
빌리다	借りる	시간에 대다	時間に間に合う
환경	環境	줄이다	減らす

第58課

父は過労のため、入院してしまいました。

1 父は過労のため、入院してしまいました。
아버지는 과로 때문에 입원하고 말았습니다.

2 資源のため、戦争をすることもあります。
자원 때문에, 전쟁을 하는 일도 있습니다.

3 船は台風のため、欠航となりました。
배는 태풍 때문에, 결항되었습니다.

4 誤解のため、二人はけんかしました。
오해 때문에, 두 사람은 싸웠습니다.

5 飲みすぎのため、二日酔いがひどいです。
과음 때문에, 숙취가 심합니다.

6 肌に合わない化粧品のため、顔が赤くなりました。
피부에 맞지 않는 화장품 때문에, 얼굴이 붉게 되었습니다.

문형설명

「명사＋のため」는 후반부의 원인이나 이유를 나타낸다.

公害	→	公害のため	공해 때문에
風邪	→	風邪のため	감기 때문에
台風	→	台風のため	태풍 때문에

7 朝寝坊のため、授業に遅れました。
늦잠 때문에, 수업에 늦었습니다.

8 パートナーのため、試合で負けました。
파트너 때문에, 시합에서 졌습니다.

9 お金のため、働くのではありません。
돈 때문에, 일하는 것은 아닙니다.

10 大雨のため、電車がストップになりました。
호우 때문에, 전차가 스톱되었습니다.

11 騒音のため、話がよく聞こえません。
소음 때문에, 이야기가 잘 들리지 않습니다.

12 道路工事のため、渋滞がひどいです。
도로 공사 때문에, 정체가 심합니다.

단어힌트

늦잠	朝寝坊	파트너	パートナー
(시합등에) 지다	負ける	일하다	働く
호우	大雨	스톱되다	ストップになる
소음	騒音	정체	渋滞

第59課

たばこをたくさん吸ったため、のどが痛いです。

1 たばこをたくさん吸ったため、のどが痛いです。
담배를 많이 피워서, 목이 아픕니다.

2 薄着をしたため、風邪をひきました。
얇은 옷을 입어서, 감기에 걸렸습니다.

3 お酒をたくさん飲んだため、頭が痛いです。
술을 너무 많이 마셔서, 머리가 아픕니다.

4 昨日徹夜をしたため、仕事に集中できません。
어제 밤을 새워서, 일에 집중이 안됩니다.

5 ぜいたくをしたため、お金がなくなりました。
사치를 부려서, 돈이 없어졌습니다.

6 財布を落としたため、買い物ができませんでした。
지갑을 잃어버려서, 쇼핑을 못했습니다.

문형설명

「동사＋ため」는 후반부의 원인이나 이유를 나타낸다.
遅れる → 遅れたため　늦었기 때문에
休む → 休んだため　쉬었기 때문에
降りる → 降りたため　내렸기 때문에

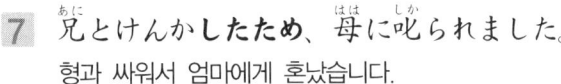

7　兄とけんか**したため**、母に叱られました。
형과 싸워서 엄마에게 혼났습니다.

8　友だちの電話番号を忘**れたため**、困りました。
친구의 전화번호를 잊어버려 곤란했습니다.

9　答えが間違**ったため**、恥ずかしかったです。
대답이 틀려서 부끄러웠습니다.

10　風邪を**ひいたため**、会社を休みました。
감기에 걸려서 회사를 쉬었습니다.

11　年を**とったため**、物忘れがひどくなりました。
나이를 먹어서 건망증이 심해졌습니다.

12　欠席を**したため**、授業の内容が分かりません。
결석을 해서 수업의 내용을 모릅니다.

단어힌트

싸우다	けんかする	혼나다	叱られる
틀리다	間違う	나이를 먹다	年をとる
건망증	物忘れ	결석	欠席

私の字はきたないため、だれも読めません。

1 私の字はきたないため、だれも読めません。

내 글씨는 지저분해서, 아무도 읽지 못합니다.

2 あの先生は学生に厳しいため、あまり人気がありません。

저 선생님은 학생에게 엄격해서, 별로 인기가 없습니다.

3 工事現場は危ないため、立ち入り禁止です。

공사현장은 위험해서, 출입 금지입니다.

4 辞書の字が大きいため、読みやすいです。

사전의 글자가 커서, 읽기 쉽습니다.

5 風が強いため、出航はできません。

바람이 세서, 출항은 못합니다.

6 部屋が狭いため、家具が入れられません。

방이 좁아서, 가구를 넣을 수 없습니다.

문형설명

「형용사＋ため」는 후반부의 이유나 원인을 나타낸다.

大きい	→ 大きいため	크기 때문에
忙しい	→ 忙しいため	바쁘기 때문에
短い	→ 短いため	짧기 때문에

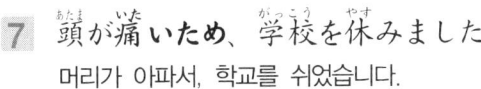

7 頭が痛いため、学校を休みました。
머리가 아파서, 학교를 쉬었습니다.

8 ドラマが悲しいため、涙が出ます。
드라마가 슬퍼서, 눈물이 납니다.

9 部屋が狭いため、家賃は安いです。
방이 좁아서, 집세는 쌉니다.

10 あのドレスは高いため、なかなか買えません。
저 드레스는 비싸서, 좀처럼 살 수 없습니다.

11 会社が遠いため、朝早く家を出ます。
회사가 멀어서, 아침 일찍 집을 나옵니다.

12 試験が難しかったため、いい点数はもらえませんでした。
시험이 어려웠기 때문에, 좋은 점수는 받지 못했습니다.

단어힌트

드라마	ドラマ	눈물이 나다	涙が出る
집세	家賃	점수	点数
아침 일찍	朝早く		

彼は有名なため、だれでも知っています。

1 彼は有名なため、だれでも知っています。
그는 유명해서 누구나 알고 있습니다.

2 祖父は不健康なため、いつも薬を飲んでいます。
할아버지는 건강하지 못해서 늘 약을 먹습니다.

3 本がきらいなため、あまり読書はしません。
책을 싫어해서 별로 독서를 하지 않습니다.

4 お酒が好きなため、毎晩飲んでいます。
술을 좋아해서 매일 저녁 마십니다.

5 お金が必要なため、バイトをしています。
돈이 필요해서 아르바이트를 하고 있습니다.

6 ゲームに夢中なため、よく徹夜をします。
게임에 열중해서 자주 밤샘을 합니다.

문형설명

「ナ형용사＋ため」는 후반부의 원인이나 이유를 나타낸다

嫌いだ	→ 嫌いなため	싫어하기 때문에
陽気だ	→ 陽気なため	활달하기 때문에
危険だ	→ 危険なため	위험하기 때문에

7 父は頑固なため、話が通じません。

아버지는 완고해서 이야기가 통하지 않습니다.

8 娘が自分勝手なため、頭が痛いです。

딸이 제멋대로여서 머리가 아픕니다.

9 田舎は交通が不便なため、車が必要です。

시골은 교통이 불편해서 차가 필요합니다.

10 回りが静かなため、まるで山の中のようです。

주위가 조용해서 마치 산 속 같습니다.

11 彼女はきれいなため、みんなに人気があります。

그녀는 예뻐서 모두에게 인기가 있습니다.

12 歌が得意なため、歌手になりました。

노래가 특기라서 가수가 되었습니다.

단어힌트🔍

완고하다	頑固だ	제멋대로다	自分勝手だ
필요하다	必要だ・要る	산속	山の中

一日の間に、午前中が一番忙しいです。

1 一日の間に、午前中が一番忙しいです。
하루 동안에, 오전중이 제일 바쁩니다.

2 夏休みの一週間の間に、海外旅行をしました。
여름방학의 일주일 동안에 해외여행을 했습니다.

3 留守の間に、5回も電話がありました。
집을 비운 사이에, 다섯 번이나 전화가 왔습니다.

4 セールの一日の間に、カバンは品切になりました。
세일의 하루 사이에 가방은 품절이 되었습니다.

5 戦争の間に、休戦会談が開かれました。
전쟁 동안에 휴전 회담이 열렸습니다.

6 2時間目の授業の間に、先生に2回も注意されました。
2교시 째 수업 동안에 선생님께 2번이나 주의 받았습니다.

문형설명

「명사＋の間に」는 기간 내의 특정시간을 나타낸다.

一ヶ月の間に　일 개월 사이에
数ヶ月の間に　수개월 사이에
留守の間に　집을 비운 사이에

7 冬の一ヶ月の間に、5回も雪が降りました。
겨울의 1개월 동안에 다섯 번이나 눈이 내렸습니다.

8 午後3時から4時の間に、もう一度お電話ください。
오후 3시에서 4시 사이에, 다시 한번 전화 주세요.

9 試験の30分間の間に、20問も解きました。
시험의 30분 사이에, 20문제나 풀었습니다.

10 雨期のはじめの間に、大型台風が来ました。
우기의 초기 사이에 대형 태풍이 왔습니다.

11 私は授業の間に、3回も先生に質問しました。
나는 수업 동안에 3번이나 선생님께 질문했습니다.

12 留学の1年の間に、日本語が上手になりました。
유학 일년 동안에, 일본어가 능숙해 졌습니다.

단어힌트

| (문제 등을) 풀다 解く | 우기 雨期 |
| 대형 大型 | 태풍 台風 |

私が寝ている間に、どろぼうが入りました。

1 私が寝ている間に、どろぼうが入りました。
  내가 자고 있는 사이에 도둑이 들어왔습니다.

2 本を読んでいる間に、いいアイデアが浮かびました。
  책을 읽고 있는 사이에 좋은 아이디어가 떠올랐습니다.

3 食事をしている間に、お客が三人も来ました。
  식사를 하고 있는 동안에 손님이 세 명이나 왔습니다.

4 晴れている間に、洗濯を済ましました。
  맑게 갠 사이에 세탁을 끝냈습니다.

5 私が料理をしている間に、母はそうじをしました。
  내가 요리를 하고 있는 사이에 엄마는 청소를 했습니다.

6 母がアメリカにいる間に、父は毎日電話をしました。
  엄마가 미국에 있는 동안에 아버지는 매일 전화를 했습니다.

문형설명

「동사＋間に」는 기간 내의 특정한 시간을 나타낸다.

生きている間に	살아있는 동안에
入院している間に	입원해 있는 동안에
眠っている間に	잠들어 있는 사이에

7 音楽を聞いている間に、眠ってしまいました。
음악을 듣고 있는 사이에 잠들어 버렸습니다.

8 旅行に行っている間に、犬がいなくなりました。
여행을 가 있는 사이에 개가 없어졌습니다.

9 母が入院している間に、父は看病で大変でした。
엄마가 입원하고 있는 사이에 아버지는 간병으로 힘들었습니다.

10 買い物をしている間に、財布を取られました。
쇼핑을 하고 있는 사이에 지갑을 도둑맞았습니다.

11 山に登っている間に、日が暮れました。
산에 오르고 있는 사이에 날이 저물었습니다.

12 散歩している間に、痛い頭が治りました。
산보하는 사이에 아픈 머리가 낫습니다.

단어힌트

간병	看病	지갑	財布
도둑맞다	取られる	날이 저물다	日が暮れる
(병이) 낫다	治る		

昼休みの間、
ずっと友だちとおしゃべりをしました。

1 昼休みの間、ずっと友だちとおしゃべりをしました。
  점심시간 내내, 계속 친구와 잡담을 했습니다.

2 試験の間、お腹が痛くて大変でした。
  시험 내내, 배가 아파서 혼났습니다.

3 夏休みの間、日本のあちこちを旅行しました。
  여름방학 내내, 일본 여기저기를 여행했습니다.

4 連休の間、図書館で勉強しました。
  연휴 내내, 도서관에서 공부했습니다.

5 道路工事の間、橋は通行禁止になります。
  도로공사 기간 내내, 다리는 통행금지가 됩니다.

6 結婚式の間、二人はずっと笑っていました。
  결혼식 내내, 두 사람은 줄곧 웃고 있었습니다.

문형설명

「명사＋間」는 기간 전체를 나타낸다.

バーゲンセールの間	바겐세일 기간내내
連休の間	연휴내내
面接の間	면접내내

7 一年の間、大きな事件がたくさんありました。
1년 내내, 큰 사건이 많이 있었습니다.

8 海外研修の間、言葉のため苦労しました。
해외연수 내내, 언어 때문에 고생했습니다.

9 夕食の間、家族は一言も話しませんでした。
저녁식사 내내, 가족은 한마디도 하지 않았습니다.

10 冬休みの間、ずっとスキー場でバイトをしました。
겨울방학 내내, 줄곧 스키장에서 아르바이트를 했습니다.

11 在学の間、いろんな友だちと楽しく過ごしました。
재학 내내, 여러 친구와 즐겁게 지냈습니다.

12 面接の間、英語で質問されました。
면접 내내, 영어로 질문 받았습니다.

단어힌트

큰 사건	大きな事件	해외 연수	海外研修
고생하다	苦労する	한마디	一言
면접	面接		

食事をしている間、いつもテレビを見ます。

1 食事をしている間、いつもテレビを見ます。
식사를 하는 동안, 늘 텔레비전을 봅니다.

2 眠っている間、不思議な夢を見ました。
자고 있는 동안, 이상한 꿈을 꾸었습니다.

3 電車に乗っている間、私はずっと本を読みました。
전차를 타고 있는 동안, 나는 줄곧 책을 읽습니다.

4 私が料理をしている間、主人はスポーツ中継を見ました。
내가 요리를 하고 있는 동안, 남편은 스포츠 중계를 봤습니다.

5 車を運転している間、ラジオはいい友だちです。
차를 운전하고 있는 동안, 라디오는 좋은 친구입니다.

6 両親と離れている間、家族の大切さが分りました。
부모님과 헤어져 있는 동안, 가족의 소중함을 알았습니다.

문형설명

「동사+間」는 기간 전체를 나타낸다.
雨が降っている間　비가 내리고 있는 동안 (내내)
食事をしている間　식사를 하고 있는 동안 (내내)

7 船に乗っている間、ずっと頭が痛かったです。
배를 타고 있는 동안, 계속 머리가 아팠습니다.

8 人を待っている間、本を読みました。
사람을 기다리고 있는 동안, 책을 읽었습니다.

9 お酒を飲んでいる間、みんなは楽しかったです。
술을 마시고 있는 동안, 모두는 즐거웠습니다.

10 バスに乗っている間、ずっと新聞を読みました。
버스를 타고 있는 동안, 계속 신문을 읽었습니다.

11 食事の準備をしている間、お客さんはテレビを見ました。
식사 준비를 하고 있는 동안, 손님은 TV를 보았습니다.

12 子供が寝ている間、洗濯しました。
아이가 자고 있는 동안, 세탁을 했습니다.

단어힌트 🔍

배를 타다	船に乗る	준비를 하다	準備をする
세탁	洗濯		

小学生のうちに、簡単な英会話を習います。

1 小学生のうちに、簡単な英会話を習います。
초등학생 때, 간단한 영어 회화를 배웁니다.

2 大学生のうちに、アメリカへ行きたいです。
대학생 때, 미국에 가고 싶습니다.

3 元気のうちに、海外旅行をするつもりです。
건강할 때, 해외여행을 할 생각입니다.

4 その建物は未完成のうちに、壊れてしまいました。
그 건물은 미완성 일 때, 무너져 버렸습니다.

5 独身のうちに、いろんな人と付き合ってみたいです。
독신 때, 여러 사람과 사귀어 보고 싶습니다.

6 セールのうちに、ほしいものを買いました。
세일 때, 갖고 싶은 것을 샀습니다.

📘 **문형설명**

「명사＋のうちに」는 시간적 한정조건을 나타낸다.

学生のうちに	학생 때에
子供のうちに	어린이 때에
夏休みのうちに	여름 방학 때에

7 新婚のうちに、夫婦げんかはしたくありません。

신혼 일 때, 부부싸움은 하고 싶지 않습니다.

8 日曜日のうちに、レポートを書くつもりです。

일요일 때, 레포트를 쓸 생각입니다.

9 よい天気のうちに、洗濯をしましょう。

좋은 날씨 일 때, 세탁을 합시다.

10 冬休みのうちに、スキー場へ行くつもりです。

겨울 방학 때, 스키장에 갈 생각입니다.

11 桜が満開のうちに、一緒に花見でも行きましょう。

벚꽃이 만개 때, 함께 꽃구경이라도 갑시다.

12 彼女は学生のうちに、結婚しました。

그녀는 학생 때, 결혼했습니다.

단어힌트 🔍

신혼	新婚	부부싸움	夫婦げんか
스키장	スキー場	만개	満開
꽃구경	花見		

遊んでいるうちに、暗くなってしまいました。

1　遊んでいるうちに、暗くなってしまいました。
　　놀고 있는 사이에, 어두워 졌습니다.

2　勉強しているうちに、日が明けてしまいました。
　　공부하고 있는 사이에, 날이 밝아버렸습니다.

3　電話をしているうちに、お客さんが来ました。
　　전화를 하고 있는 사이에, 손님이 왔습니다.

4　洗車をしているうちに、断水になってしまいました。
　　세차하고 있는 사이에, 단수가 되고 말았습니다.

5　運転しているうちに、地震がありました。
　　운전하고 있는 사이에, 지진이 있었습니다.

6　小説を全部読まないうちに、結末が分りました。
　　소설을 전부 읽지 않은 사이에, 결말을 알았습니다.

문형설명

「동사＋うちに」는 시간적 한정조건을 나타낸다.

　寝ているうちに　　　　자고 있는 사이에
　電話しているうちに　　전화하고 있는 사이에
　運転しているうちに　　운전하고 있는 사이에

7 電車を待っているうちに、タバコを吸いました。
전차를 기다리고 있는 사이에, 담배를 피웠습니다.

8 階段を上がっているうちに、自然に運動になります。
계단을 오르는 사이에, 저절로 운동이 됩니다.

9 家を建てているうちに、台風が3回もありました。
집을 짓고 있는 사이에, 태풍이 3번이나 있었습니다.

10 家内が料理を作っているうちに、子供が帰って来ました。
아내가 요리를 만들고 있는 사이에, 아이가 돌아왔습니다.

11 お酒を飲んでいるうちに、知らない人と友だちになりました。
술을 마시고 있는 사이에, 모르는 사람과 친구가 되었습니다.

12 彼が病気で苦しんでいるうちに、新薬が開発されました。
그가 병으로 괴로워하고 있는 사이에, 신약이 개발되었습니다.

단어힌트 🔍

저절로	自然に	모르는 사람	知らない人
괴로워하다	苦しむ	신약	新薬
개발되다	開発される		

今日は明るいうちに、家に帰りましょう。

1 今日は明るいうちに、家に帰りましょう。
오늘은 환할 때, 집에 돌아갑시다.

2 この料理は温かいうちに、召し上がってください。
이 요리는 따뜻할 때 드세요.

3 若いうちに、一度アメリカに行きたいです。
젊을 때, 한번 미국에 가고 싶습니다.

4 風邪がひどくならないうちに、薬を飲んでください。
감기가 심하지 않을 때, 약을 먹으세요.

5 キムチはすっぱくないうちに、食べたほうがおいしいです。
김치는 시지 않을 때, 먹는 것이 맛있습니다.

6 子供が小さいうちに、家を買うつもりです。
아이가 어릴 때, 집을 살 생각입니다.

문형설명

「형용사＋うちに」는 시간적 한정조건을 나타낸다.

涼しいうちに　시원할 때
温かいうちに　따뜻할 때
暗いうちに　어두울 때

7 涼しいうちに、運動しましょう。

시원할 때, 운동합시다.

8 雪が溶けないうちに、写真を撮っておきます。

눈이 녹지 않았을 때, 사진을 찍어 둡니다.

9 ビールが冷たいうちに、全部飲んでください。

맥주가 차가울 때, 전부 마셔주세요.

10 服はセールで安いうちに、たくさん買っておきます。

옷은 세일로 쌀 때, 많이 사 둡니다.

11 お汁は熱いうちに、飲むのがおいしいです。

국은 뜨거울 때, 먹는 것이 맛있습니다.

12 頭の回転が草いうちに、熱心に勉強しましょう。

머리 회전이 빠를 때, 열심히 공부합시다.

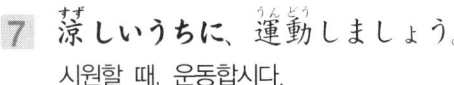

| 눈이 녹다 | 雪が溶ける | 국 | お汁 |
| 회전 | 回転 | | |

さしみは新鮮なうちに、食べましょう。

1 さしみは新鮮なうちに、食べましょう。
이 회는 신선할 때, 먹읍시다.

2 まわりが静かなうちに、仕事を終えましょう。
주위가 조용할 때, 일을 끝냅시다.

3 ひまなうちに、物の整理をしてください。
한가할 때, 물건 정리를 해 주세요.

4 夫婦が丈夫なうちに、海外旅行に行きたいです。
부부가 건강할 때, 해외여행을 가고 싶습니다.

5 国が平和なうちに、隣国との関係を新たにしましょう。
나라가 평화로울 때, 이웃나라와의 관계를 새로이 합시다.

6 父が健康なうちに、家族揃って温泉に行きたいです。
아버지가 건강할 때, 가족 모두 온천에 가고 싶습니다.

문형설명

「ナ形容詞＋うちに」는 시간적 한정조건을 나타낸다.
ひまだ → ひまなうちに　한가할 때
元気だ → 元気なうちに　건강할 때
新鮮だ → 新鮮なうちに　신선할 때

7 レポートは**ひまなうちに**、ゆっくり提出してください。
レ포트는 한가할 때, 천천히 제출해 주세요.

8 記憶が鮮明**なうちに**、私の伝記を書くつもりです。
기억이 선명할 때, 내 전기를 쓸 생각입니다.

9 元気**なうちに**、いろんなことに挑戦してみたいです。
건강할 때, 여러가지 일에 도전해 보고 싶습니다.

10 自然が豊か**なうちに**、それを守るのが大切です。
자연이 풍요로울 때, 그것을 지키는 것이 중요합니다.

11 運転が未熟**なうちに**、スピードを出すのは危ないです。
운전이 미숙할 때, 속도를 내는 것은 위험합니다.

12 審査が簡単**なうちに**、ビザを取りましょう。
심사가 간단할 때, 비자를 받읍시다.

단어힌트 🔍

기억	記憶	도전하다	挑戦する
전기	伝記	미숙하다	未熟だ
심사	審査	비자	ビザ

●●●● 第**70**課

論文のテーマは、次のとおりです。

1 論文のテーマは、次のとおりです。
논문의 테마는 다음과 같습니다.

2 工事は計画どおり、やってください。
공사는 계획대로 해 주십시오.

3 ご覧のとおり、目立つデザインです。
보시는 대로 눈에 띄는 디자인입니다.

4 商品は見本どおり、作ってください。
상품은 견본대로 만들어 주세요.

5 原稿の内容どおり、発表します。
원고의 내용대로 발표하겠습니다.

6 海の風景は写真どおり、すばらしいですね。
바다의 풍경은 사진 그대로 근사하군요.

📁 문형설명

「명사＋(の)とおり(に)」는 「～와 같이, ～처럼, ～대로」의 의미를 나타낸다.

作り方どおり	만드는 방법대로
計画どおり	계획대로
天気予報どおり	일기예보 대로

7 天気予報どおり、今日は雪が降りました。
일기예보대로 오늘은 눈이 내렸습니다.

8 地図どおり、ほんとうに道がありました。
지도대로 정말로 길이 있었습니다.

9 約束どおり、今月までにお金を返してください。
약속대로 이번 달까지 돈을 갚아 주십시오.

10 発表どおり、二人は結婚するつもりです。
발표대로 두 사람은 결혼할 예정입니다.

11 設計図どおり、すばらしい橋か完成されました。
설계도대로 멋진 다리가 완성 되었습니다.

12 祖父は今でも昔どおり、生活しています。
할아버지는 지금도 옛날대로 생활하고 있습니다.

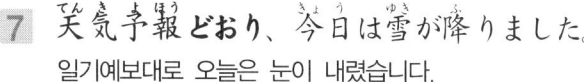

단어힌트

| 지도 | 地図 | 돈을 갚다 | お金を返す |
| 설계도 | 設計図 | 완성되다 | 完成される |

第**71**課

彼が言ったとおり、株価が暴落しました。

1 彼が言ったとおり、株価が暴落しました。
그가 말한 대로 주가가 폭락했습니다.

2 本に書いてあるとおり、練習してください。
책에 써있는 대로 연습해주세요.

3 私が想像していたとおり、大変美人ですね。
내가 상상했던 대로 광장한 미인이군요.

4 思ったとおりに行かないのが、世の中です。
생각한 대로 되지 않는 것이 세상입니다.

5 予想したとおり、韓国が世界大会で優勝しました。
예상한 대로 한국이 세계대회에서 우승했습니다.

6 外国人が話すとおり、発音するのは無理です。
외국인이 말하는 대로 발음하는 것은 무리입니다.

문형설명

「동사＋とおり」는 「〜대로, 〜에 따라」의 의미를 나타낸다.

教える → 教えたとおり　가르친 대로
聞く → 聞いたとおり　들은 대로
見る → 見たとおり　본 대로

7 予想したとおり、山田さんが当選しました。
예상했던 대로 야마다씨가 당선했습니다.

8 原稿に書いてあるとおり、発表してください。
원고에 쓰여 있는 대로 발표주세요.

9 予告したとおり、これから試験を行います。
예고한 대로 지금부터 시험을 실시하겠습니다.

10 子供は親が教えたとおり、礼儀正しい子になりました。
아이는 부모가 가르친 대로 예의바른 아이가 되었습니다.

11 彼は学生から聞いたとおり、先生に話しました。
그는 학생에게 들은 대로 선생님에게 이야기했습니다.

12 吉田さんは約束したとおり、彼女と結婚しました。
요시다씨는 약속한 대로 그녀와 결혼했습니다.

단어힌트 🔍

예상하다	予想する	당선하다	当選する
예고하다	予告する	예의바르다	礼儀正しい

この野菜は生のまま、食べられません。

1 この野菜は生のまま、食べられません。
이 야채는 날 것 채로 먹을 수 없습니다.

2 素顔のまま、人に会うのは恥ずかしいです。
맨 얼굴인 채로 사람을 만나는 것은 창피합니다.

3 浴衣のまま、廊下に出てはいけません。
유카타를 입은 채로 복도에 나와서는 안 됩니다.

4 来年も今のまま、仕事がうまくいってほしいです。
내년도 지금 그대로 일이 잘 되었으면 좋겠습니다.

5 京都の建物は昔のまま、よく保存されています。
교토의 건물은 옛날 그대로 잘 보존되어 있습니다.

6 このカメラは自然の色のまま、よく撮れます。
이 카메라는 자연 색 그대로 잘 찍힙니다.

문형설명

「명사＋のまま(で)」는 전의 어구가 나타내는 상태가 계속되고 있음을 나타낸다.

昔のまま	옛날 그대로
パジャマのまま	파자마 채로
独身のまま	독신인 채로

7 この街は昔のまま、全然変っていません。
이 거리는 옛날 그대로 전혀 변하지 않았습니다.

8 彼女は独身のまま、定年を向えました。
그녀는 독신인 채로 정년을 맞았습니다.

9 寒いのに薄着のままでかけて、風邪をひきました。
추운데 얇은 옷 채로 외출해서 감기에 걸렸습니다.

10 年をとっても、心は子供のままでいたいです。
나이를 먹어도 마음은 어린이 그대로 있고 싶습니다.

11 彼女のありのままの姿が、何より好きです。
그녀의 있는 그대로의 모습이 무엇보다 좋습니다.

12 謎のまま、事件は終わりました。
수수께끼인 채로 사건이 끝났습니다.

단어힌트

정년	定年	얇은 옷	薄着
수수께끼	謎	있는 그대로	ありのまま

海でも服を着たまま、泳いではいけません。

1 海でも服を着たまま、泳いではいけません。
바다에서도 옷을 입은 채, 수영을 해서는 안 됩니다.

2 アメリカではくつをはいたまま、家の中に入ります。
미국에서는 구두를 신은 채, 집안에 들어갑니다.

3 雨にぬれたまま、1時間も歩きました。
비에 젖은 채, 한 시간이나 걸었습니다.

4 ミルクを冷蔵庫に入れたまま、忘れていました。
우유를 냉장고에 넣은 채, 잊고 있었습니다.

5 息子は1年前に家を出たまま、今も帰っていません。
아들은 1년 전에 집을 나간 채, 지금도 돌아오지 않았습니다.

6 昨日はめがねをかけたまま、眠ってしまいました。
어제는 안경을 쓴 채, 잠들어 버렸습니다.

🗂 문형설명

「동사과거형＋まま(で)」는 앞의 어구가 표현하는 상태가 계속되고 있음을 나타낸다.

電気が切れたまま	전기가 끊긴 채
ぼうしをかぶったまま	모자를 쓴 채
めがねをかけたまま	안경을 쓴 채

7 ぼうしを**かぶったまま**、あいさつするのは失礼です。
모자를 쓴 채, 인사를 하는 것은 실례입니다.

8 部屋の電気を**つけたまま**、外出しました。
방의 전기를 켠 채, 외출했습니다.

9 散歩に出**かけたまま**、まだ帰っていません。
산책을 나간 채, 아직 돌아오지 않습니다.

10 エンジンを**かけたまま**、車の中で待っています。
시동을 켠 채, 차안에서 기다리고 있습니다.

11 お金をポケットに入**れたまま**、洗濯をしてしまいました。
돈을 호주머니에 넣어 둔 채, 세탁을 해 버렸습니다.

12 かさを借**りたまま**、まだ返していません。
우산을 빌린 채, 아직 돌려주지 않았습니다.

단어힌트 🔍

산책을 나가다	散歩に出かける	시동을 켜다	エンジンをかける
포켓에 넣다	ポケットに入れる	빌리다	借りる
돌려주다	返す		

楽しいまま、残りの人生を送りたいです。

1 楽しいまま、残りの人生を送りたいです。
즐거운 그대로, 나머지 인생을 보내고 싶습니다.

2 彼は背が低いまま、成長が止まってしまいました。
그녀는 키가 작은 그대로, 성장이 멈추어 버렸습니다.

3 パンを硬いまま、食べるのはおいしくないです。
빵을 딱딱한 그대로, 먹는 것은 맛이 없습니다.

4 思い出は懐かしいまま、心の中に残っています。
추억은 그리운 채, 가슴속에 남아 있습니다.

5 ワインは冷たいまま、飲むのがおいしいです。
와인은 찬 그대로 마시는 것이 맛있습니다.

6 栄養のバランスが悪いまま、ダイエットを続けるのは危ないです。
영양의 밸런스가 나쁜 채, 다이어트를 계속하는 것은 위험합니다.

📂 **문형설명**

「형용사＋まま(で)」는 앞의 어구가 나타내는 상태가 계속되고 있음을 나타낸다.

白いまま　하얀 그대로(채)
忙しいまま　바쁜 채
冷たいまま　차가운 그대로

7 彼は体が弱いまま、一生過ごしています。

그는 몸이 약한 채로, 일생을 보내고 있습니다.

8 美しいまま、年を取りたいですね。

아름다운 그대로, 나이를 먹고 싶습니다.

9 10年前に買った家具が、今も新しいままです。

10년 전에 샀던 가구가 지금도 새것 그대로입니다.

10 海に行って来ましたが、肌は白いままです。

바다에 갔다 왔습니다만, 피부는 하얀 그대로입니다.

11 物価は上がりますが、給料は少ないままです。

물가는 올랐습니다만, 급료는 적은 그대로입니다.

12 引っ越しはしましたが、部屋は狭いままです。

이사는 했습니다만, 방은 좁은 그대로 입니다.

단어힌트 🔍

몸이 약하다	体が弱い	나이를 먹다	年を取る
피부	肌		

第75課

国の経済が**真っ暗**なまま、5年が過ぎました。

1 国の経済が**真っ暗**なまま、5年が過ぎました。
나라의 경제가 암흑인 채, 5년이 지났습니다.

2 お肉を新鮮**なまま**、冷凍保存できます。
고기를 신선한 채로 냉동보존할 수 있습니다.

3 無気力**なまま**、毎日を送っています。
무기력한 채, 매일을 보내고 있습니다.

4 年を取っても歌はあいかわらず、得意**のまま**ですね。
나이는 들어도 노래는 여전히 잘하는 그대로군요.

5 準備が不十分**なまま**で、大会が開かれました。
준비가 불충분한 채, 대회가 열렸습니다.

6 事件の結末は不明**なまま**、捜査は終わってしまいました。
사건의 결말은 불명확 한 채, 수사는 끝나버렸습니다.

📘 문형설명

「ナ形容詞＋まま(で)」는 전의 어구가 표현하는 상태가 계속되고 있음을 나타낸다.
きれいだ　→　きれいなまま　　아름다운 그대로(채)
不安全だ　→　不安全なまま　　불안전한 그대로(채)
不便だ　→　不便なまま　　불편한 그대로(채)

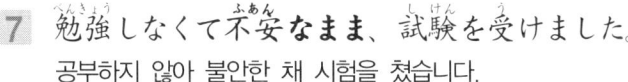

7　勉強しなくて不安なまま、試験を受けました。
공부하지 않아 불안한 채 시험을 쳤습니다.

8　顔が真っ白なまま、運動場で倒れました。
얼굴이 새하얗게 된 채 운동장에 쓰러졌습니다.

9　ドラマの結末が曖昧なまま、終わってしまいました。
드라마의 결말이 애매한 채 끝나버렸습니다.

10　英語の勉強に消極的なまま、2年間を過ごしました。
영어공부에 소극적인 채 2년간을 보냈습니다.

11　退屈なまま、休日を過ごしています。
심심한 채, 휴일을 보내고 있습니다.

12　夫婦円満なまま、金婚式を向えました。
부부가 원만한 채, 금혼식을 맞이했습니다.

단어힌트

새하얗다	真っ白だ	드라마	ドラマ
결말	結末	애매하다	曖昧だ
소극적이다	消極的だ	심심하다	退屈だ
원만하다	円満だ	금혼식	金婚式

彼はいつも文句ばかり言っています。

1 彼はいつも文句ばかり言っています。
그는 늘 불평만 늘어놓습니다.

2 二人は会うと、いつもけんかばかりします。
두 사람은 만나면 늘 싸움만 합니다.

3 テレビばかり見ないで、本でも読みなさい。
TV만 보지 말고, 책이라도 읽으렴.

4 漫画ばかり読まないで、勉強でもしなさい。
만화만 읽지 말고, 공부라도 하렴.

5 親はいつも子供のことばかり、心配しています。
부모는 늘 아이 일만 걱정하고 있습니다.

6 弟は先から歌ばかり、歌っています。
남동생은 아까부터 노래 만 부르고 있습니다.

문형설명

「명사＋ばかり」는 앞의 어구의 한정을 나타내며, 「～만」「～뿐」으로 해석된다.

病気ばかりする	병치례만 한다
嘘ばかり言う	거짓말만 하다
高い物ばかりだ	비싼 물건 뿐이다

7 兄は毎日小説ばかり読んでいます。
형은 매일 소설만 읽고 있습니다.

8 授業中におしゃべりばかりして、先生に注意されました。
수업 중에 잡담만 해서, 선생님께 주의 받았습니다.

9 音楽が好きで、音楽ばかり聞いています。
음악을 좋아해서, 음악만 듣고 있습니다.

10 コーヒーばかり飲むと、胃によくありません。
커피만 마시면, 위에 좋지 않습니다.

11 ここは高い物ばかり売っている店で、あまり行きません。
여기는 비싼 물건만 파는 가게라서, 별로 안갑니다.

12 先からタバコばかり吸って、仕事はしません。
아까부터 담배만 피우고, 일은 하지 않습니다.

잡담	おしゃべり	위	胃
팔다	売る		

勉強はしないで遊んでばかりいては、だめですよ。

1 勉強はしないで遊んでばかりいては、だめですよ。
공부는 하지않고 놀기만 해서는 안 됩니다.

2 一人で悩んでばかりいないで、私に話してください。
혼자서 고민만 하지 말고, 나에게 얘기해 주세요.

3 泣いてばかりいる友だちを慰めました。
울기만 하는 친구를 위로했습니다.

4 娘が合格するよう、願ってばかりいます。
딸이 합격할 수 있도록 빌고만 있습니다.

5 甘えてばかりいては、決して自立できません。
응석만 부려서는 결코 자립할 수 없습니다.

6 学生はしゃべってばかりいるので、先生に注意されました。
학생은 잡담만 하고 있어서, 선생님께 주의 받았습니다.

문형설명

「동사＋てばかりいる」는 행위·동작의 한정된 반복을 나타낸다.

食べる → 食べてばかりいる　먹기만 하고 있다
泣く → 泣いてばかりいる　울기만 하고 있다
寝る → 寝てばかりいる　자기만 하고 있다

7 父は先から怒ってばかりいて、怖いです。
아버지는 아까부터 화만 내고 있어 무섭습니다.

8 いつも電気がついてばかりいて、中にはだれもいません。
항상 전기만 켜져 있고, 안에는 아무도 없습니다.

9 家で寝てばかりいないで、散歩でもしなさい。
집에서 잠만 자지 말고 산보라도 하렴.

10 食べてばかりいないで、すこし手伝いなさい。
먹고만 있지 말고, 좀 도와주렴.

11 彼は黙ってばかりいて、一言も言いませんでした。
그는 침묵하고 만 있고, 한마디도 하지 않았습니다.

12 水着を着てばかりいて、プールには入りません。
수영복을 입고 만 있고, 수영장에는 들어가지 않습니다.

단어힌트 🔍

화내다	怒る	무섭다	怖い
돕다	手伝う	침묵하다	黙る
수영복	水着		

私は子供にかわいい人形をあげました。

1 私は子供にかわいい人形をあげました。
  나는 아이에게 귀여운 인형을 주었습니다.

2 私は母の誕生日にきれいなくつをあげました。
  나는 어머니 생일 때 예쁜 구두를 드렸습니다.

3 僕はお正月に子供にお年玉をあげました。
  나는 설날에 아이에게 세뱃돈을 주었습니다.

4 私は日本の友だちに本場のキムチをあげました。
  나는 일본 친구에게 본고장의 김치를 주었습니다.

5 私は外国人に韓国のりをあげました。
  나는 외국인에게 한국 김을 주었습니다.

6 私は子供に財産をあげるつもりはありません。
  나는 자식에게 재산을 줄 생각은 없습니다.

문형설명

「~に~をあげる」는 수수(授受)의 표현이다.
「내가 다른 사람에게 ~을 주다」의 의미로 쓰인다.

7 私は友だちに映画の**チケットをあげました**。

나는 친구에게 영화 티켓을 주었습니다.

8 私は子供に甘い**ケーキをあげました**。

나는 아이에게 달콤한 케이크를 주었습니다.

9 母の日にあなたはお母さんに何を**あげる**つもりですか。

어머니 날에 당신은 어머니에게 무엇을 드릴 생각입니까?

10 先輩は後輩にレポートの**資料をあげました**。

선배는 후배에게 레포트 자료를 주었습니다.

11 私は妹に日本語の**本をあげました**。

나는 여동생에게 일본어책을 주었습니다.

12 子供は赤ん坊に**おもちゃをあげました**。

아이는 갓난아기에게 장난감을 주었습니다.

단어힌트 🔍

티켓	チケット	케이크	ケーキ
어머니날	母の日	갓난아기	赤ん坊

兄は私にノートをくれました。

1 兄は私にノートをくれました。
  형은 나에게 노트를 주었습니다.

2 となりのおばさんは私におかしをくれました。
  옆집 아주머니는 나에게 과자를 주었습니다.

3 恋人は私に指輪をくれました。
  애인은 나에게 반지를 주었습니다.

4 母は私にきれいなマフラーをくれました。
  어머니는 나에게 예쁜 목도리를 주었습니다.

5 国は65才以上の人に年金をくれます。
  정부는 65세 이상 사람에게 연금을 줍니다.

7 父は大学生になった私に万年筆をくれました。
  아버지는 대학생이 된 나에게 만년필을 주었습니다.

📁 문형설명

「～に～をくれる」는 남이 나에게 무언가를 줄때 쓰는 수수(授受)표현이다.

7 母は毎月私に小遣いをくれます。

어머니는 매달 나에게 용돈을 줍니다.

8 家内は私に素敵なネクタイをくれました。

아내는 나에게 근사한 넥타이를 주었습니다.

9 娘は私に化粧品をくれました。

딸은 나에게 화장품을 주었습니다.

10 父は成人になった私に車をくれました。

아버지는 성년이 된 나에게 차를 주었습니다.

11 彼氏は私に初めて手紙をくれました。

남자친구는 나에게 처음으로 편지를 주었습니다.

12 友だちは泣いている私にハンカチをくれました。

친구는 울고 있는 나에게 손수건을 주었습니다.

단어힌트

용돈	小遣い	아내	家内・妻
근사하다・멋지다	素敵だ	넥타이	ネクタイ
화장품	化粧品	성년	成人
손수건	ハンカチ		

第**80**課

私は今も両親から小遣いをもらっています。

1 私は今も両親から小遣いをもらっています。
  나는 지금도 부모님에게 용돈을 받고 있습니다.

2 弟は友だちから誕生日のプレゼントをもらいました。
  남동생은 친구에게 생일 선물을 받았습니다.

3 公務員は国から給料をもらいます。
  공무원은 나라에서 월급을 받습니다.

4 会社からボーナスをもらったら、海外旅行に行きます。
  회사에서 보너스를 받으면, 해외여행을 갈 겁니다.

5 私は部下から会議の連絡をもらいました。
  나는 부하에게 회의 연락을 받았습니다.

6 私は兄からくつをもらって、とてもうれしかったです。
  나는 형에게 구두를 받고, 정말 기뻤습니다.

📄 **문형설명**

> 「～から～をもらう」는 「～에게~을 받다」라는 의미의 수수(授受)표현이다.

7 妹は大学から奨学金をもらうことになりました。
여동생은 대학에서 장학금을 받게 되었습니다.

8 父は国から毎月年金をもらっています。
아버지는 나라에서 매달 연금을 받습니다.

9 外国にいる恋人から手紙をもらいました。
외국에 있는 애인에게 편지를 받았습니다.

10 成人の日、両親から着物をもらいました。
성년의 날, 부모님께 기모노를 받았습니다.

11 先生から新しい友だちを紹介してもらいました。
선생님께 새 친구를 소개받았습니다.

12 有名な医者から診察してもらいました(診てもらいました)。
유명한 의사에게 진찰을 받았습니다.

단어힌트 🔍

나라	国	연금	年金
성년의 날	成人の日	기모노	着物
진찰을 받다	診察してもらう (診てもらう)		

第81課

私は友だちに自転車の乗り方を教えてあげました。

1 私は友だちに自転車の乗り方を教えてあげました。
나는 친구에게 자전거 타는 법을 가르쳐 주었습니다.

2 父は母にカレーライスを作ってあげました。
아버지는 어머니에게 카레라이스를 만들어 주었습니다.

3 母は寝る前、子供に童話を読んであげます。
어머니는 자기 전에 아이에게 동화를 읽어 줍니다.

4 先生は学生にボールペンを貸してあげました。
선생님은 학생에게 볼펜을 빌려 주었습니다.

5 私は友だちにお金を貸してあげました。
나는 친구에게 돈을 빌려 주었습니다.

6 私は妹に甘いケーキを買ってあげました。
나는 여동생에게 달콤한 케이크를 사 주었습니다.

문형설명

「～に～を＋てあげる」는 「～에게 ～을 해 주다」라는 의미로 수수(授受)의 표현이다.

7 私は友だちにソウルを案内してあげました。

나는 친구에게 서울을 안내해 주었습니다.

8 兄は母のかわりに、運転をしてあげました。

형은 엄마 대신 운전을 해 주었습니다.

9 外国人に韓国語を教えてあげるのは楽しいです。

외국인에게 한국어를 가르쳐 주는 것은 즐겁습니다.

10 妹は母に日記を見せてあげました。

여동생은 어머니에게 일기장을 보여주었습니다.

11 私は父のかわりに、会社に電話をかけてあげました。

나는 아버지 대신 회사에 전화를 걸어 주었습니다.

12 私は友だちに消ゴムを貸してあげました。

나는 친구에게 지우개를 빌려 주었습니다.

단어힌트

안내하다	案内する	운전을 하다	運転をする
지우개	消しゴム	빌려주다	貸す

母が私に昔話を話してくれました。

1 母が私に昔話を話してくれました。
어머니가 나에게 옛날이야기를 해 주었습니다.

2 部長が私に仕事を教えてくれました。
부장님이 나에게 일을 가르쳐 주었습니다.

3 妹が私にミルクを持って来てくれました。
여동생이 나에게 우유를 갖다 주었습니다.

4 友だちが私のかわりに、ハガキを出してくれました。
친구가 내 대신 엽서를 부쳐 주었습니다.

5 両親が私にキムチを送ってくれました。
부모님이 나에게 김치를 보내 주었습니다.

6 先輩が私に大学生活について、詳しく説明してくれました。
선배가 나에게 대학 생활에 대해 상세히 설명해 주었습니다.

 문형설명

「～に～を＋동사て형くれる」는 「～에게 ～을 해 주다」라는 의미로 수수(授受)의 표현이다.

7 彼が私に先生の住所を教えてくれました。

그가 나에게 선생님 주소를 가르쳐 주었습니다.

8 友だちが私にかさを貸してくれました。

친구가 나에게 우산을 빌려 주었습니다.

9 おじいさんが私におもちゃを買ってくれました。

할아버지가 나에게 장난감을 사 주었습니다.

10 先生が私にいろいろと親切にしてくれます。

선생님이 나에게 여러 가지로 친절하게 해 줍니다.

11 おばさんが私においしい料理を作ってくれます。

아주머니가 나에게 맛있는 요리를 만들어 줍니다.

12 先生が私たちに日本の歴史について話してくれました。

선생님이 우리들에게 일본 역사에 대하여 이야기해 주었습니다.

단어힌트 🔍

주소	住所	우산	かさ
장난감	おもちゃ	역사	歴史

私は先生に日本語を教えてもらいました。

1 私は先生に日本語を教えてもらいました。
나는 선생님께 일본어를 배웠습니다.

2 田中さんは泉さんに仕事を紹介してもらいました。
다나카씨는 이즈미씨에게 일을 소개받았습니다.

3 私の気持をあなたに分ってもらえますかね。
나의 마음을 당신이 알아줄까요?

4 私は部長に書類を渡してもらえました。
나는 부장님께 서류를 건네 받았습니다.

5 私は母にうどんを作ってもらいました。
어머니는 나에게 우동 만들어 주었습니다.

6 父は医者に診てもらって、風邪が治りました。
아버지는 의사에게 진찰을 받아, 감기가 나았습니다.

 문형설명

「～に～を＋てもらう」는 「～에게～을 해 받다」라는 의미로 수수(授受)의 표현이다.

7 私は親に学費を送ってもらいます。
나는 부모님에게 학비를 부쳐 받습니다.

8 私は友だちに荷物を運んでもらいました。
나는 친구에게 짐을 옮겨 받았습니다.(친구가 내 짐을 옮겨 주었습니다)

9 学生は先生に発音を直してもらいます。
학생은 선생님께 발음을 고쳐 받았습니다.

10 私はAさんに救急車を呼んでもらいました。
나는 A씨에게 구급차를 불러 받았습니다.

11 金さんは日本人に地図を書いてもらいました。
김씨는 일본인에게 지도를 그려 받았습니다.

12 私は父に高い時計を買ってもらいました。
나는 아버지에게 비싼 시계를 사 받았습니다.

단어힌트 🔍

학비	学費	짐	荷物
옮기다	運ぶ	발음	発音
고치다	直す	구급차	救急車
부르다	呼ぶ		

この海を渡ると、すぐ日本です。

1 この海を渡ると、すぐ日本です。
이 바다를 건너면 곧 일본입니다.

2 駅からまっすぐ行くと、図書館です。
역에서 곧장 가면 도서관입니다.

3 川に沿って走ると、きれいな景色が楽しめます。
강을 따라서 달리면, 멋진 경치를 즐길 수 있습니다.

4 エレベーターで屋上に上がると、展望台があります。
엘리베이터로 옥상에 올라가면, 전망대가 있습니다.

5 この道をまっすぐ入ると、突き当たりです。
이 길을 곧장 들어가면, 막다른 골목입니다.

6 南山タワーに登ると、ソウルの夜景が見られます。
남산 타워에 오르면, 서울 야경을 볼 수 있습니다.

📁 **문형설명**

「동사원형＋と」으로 쓰이며 조건법으로 가정을 나타낸다.

行く	→ 行くと	가면
上がる	→ 上がると	올라가면
走る	→ 走ると	달리면

7 ソウル駅でKTXに乗ると、大田へ行けます。
서울역에서 KTX를 타면, 대전에 갈 수 있습니다.

8 階段で走ると、とても危ないです。
계단에서 달리면, 굉장히 위험합니다.

9 トンネルを抜けると、雪国です。
터널을 빠져나오면, 설국입니다.

10 この山を越えると、小さい村があります。
이 산을 넘으면, 작은 마을이 있습니다.

11 階段を上がって、左に曲がると、事務室があります。
계단을 올라가서 왼쪽으로 돌면, 사무실이 있습니다.

12 ここから500m行くと、市役所が見えます。
여기에서 500m 가면, 시청이 보입니다.

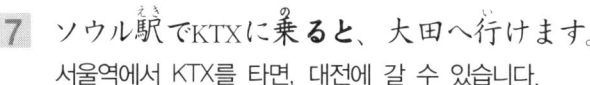

단어힌트

갈 수 있다	行ける	터널	トンネル
빠져나오다	抜ける	설국	雪国
돌다	曲がる	사무실	事務室
보이다	見える		

4に4を**たす**と、8になります。

1 4に4を**たす**と、8になります。
4에 4를 더하면, 8이 됩니다.

2 学校は9時に**なる**と、授業が始まります。
학교는 9시가 되면, 수업이 시작됩니다.

3 戦争が起きると、多くの人々の命が奪われます。
전쟁이 일어나면, 많은 사람들의 생명을 앗아갑니다.

4 準備運動を十分に**する**と、危ないことはありません。
준비운동을 충분히 하면, 위험한 일은 없습니다.

5 大雨が降ると、洪水になりやすいです。
많은 비가 내리면, 홍수가 되기 쉽습니다.

6 人間は年を取ると、体が弱くなります。
사람은 나이를 먹으면, 몸이 약해집니다.

문형설명

「동사＋と」는 조건법으로 자연적으로 혹은 습관적으로 후반부가 성립하는 것을 나타낸다.

たす	→ たすと	더하면
成長	→ 成長すると	성장하면
降りる	→ 降りると	내리면

7　冬になると、気温が下がります。
겨울이 되면 기온이 내려갑니다.

8　四月になると、桜の花が咲きます。
4월이 되면 벚꽃이 핍니다.

9　雨が降らないと、水不足になります。
비가 내리지 않으면 물 부족이 됩니다.

10　失敗を恐れると、成功しません。
실패를 두려워하면, 성공할 수 없습니다.

11　山の中では日が暮れると、すぐ暗くなります。
산속에서는 날이 저물면 금방 어두워집니다.

12　子供が大学に入ると、ちょうど定年です。
아이가 대학에 들어가면, 딱 정년입니다.

단어힌트

기온	気温	내려가다	下がる
물 부족	水不足	실패	失敗
날이 저물다	日が暮れる	정년	定年

うどんなら食べますが、ラーメンは食べません。

1 **うどんなら食べますが、ラーメンは食べません。**
우동이라면 먹습니다만, 라면은 먹지 않습니다.

2 **夏なら海に行きたいですが、今は行きたくありません。**
여름이라면 바다에 가고 싶습니다만, 지금은 가고 싶지 않습니다.

3 **スーパーなら安いですが、デパートは高いです。**
슈퍼라면 쌉니다만, 백화점은 비쌉니다.

4 **新聞ならよく読みますが、本はあまり読みません。**
신문이라면 자주 읽습니다만, 책은 그다지 읽지 않습니다.

5 **旅行なら温泉がいいですが、すこし遠いです。**
여행이라면 온천이 좋습니다만, 조금 멉니다.

6 **銀行は9時なら開いてますが、8時では開いていません。**
은행은 9시라면 열지만, 8시에는 열지 않습니다.

 문형설명

「명사＋なら」는 조건법으로, 전반부와 후반부가 서로 대비적인 의미를 나타낸다.

7 青森のりんごなら、おいしいはずです。
아오모리 사과라면 맛있을 겁니다.

8 お水ならよく飲みますが、コーヒーは全然飲みません。
물이라면 자주 마십니다만, 커피는 전혀 마시지 않습니다.

9 外国なら、アメリカへ行きたいです。
외국이라면 미국에 가고 싶습니다.

10 お金なら、なんでもできると思いますか。
돈이라면 무엇이든 할 수 있다고 생각합니까?

11 野球ならできますが、サッカーは無理です。
야구라면 할 수 있습니다만, 축구는 무리입니다.

12 ビールなら飲みますが、焼酎は飲みません。
맥주라면 마십니다만, 소주는 마시지 않습니다.

단어힌트

아오모리	青森	~할 겁니다	~はずです
야구	野球	축구	サッカー
소주	焼酎		

成功を夢見るなら、まず努力してください。

1 成功を夢見るなら、まず努力してください。
성공을 꿈꾼다면, 먼저 노력하세요.

2 外国語を学ぶなら、この本で勉強するのがいいです。
외국어를 배운다면, 이 책으로 공부하는 것이 좋습니다.

3 大学院に進むなら、経済学を専攻したいです。
대학원에 진학한다면, 경제학을 전공하고 싶습니다.

4 留学に行くなら、アメリカのどの都市に行くかを決めてください。
유학을 간다면, 미국의 어느 도시에 갈 것인지를 결정하세요.

5 夢を叶えたいなら、毎日規則的な生活をしてください。
꿈을 이루고 싶다면, 매일 규칙적인 생활을 하세요.

6 時間があるなら、私と一緒に散歩でもしませんか。
시간이 있다면, 나와 함께 산보라도 하지 않겠습니까?

문형설명

「동사＋なら」는 조건법으로 시간적으로 후반부의 사건이 먼저 일어나고, 전반부가 그 결과가 된다는 표현이다.

7 読みたい本があるなら、いつでも私に話してください。
읽고 싶은 책이 있다면, 언제든지 나에게 얘기해 주세요.

8 パンを買うなら、午前中に行くのがいいです。
빵을 산다면, 오전 중에 가는 것이 좋습니다.

9 誕生日のプレゼントをするなら、彼女が好きな赤いバラが一番です。
생일 선물을 한다면, 그녀가 좋아하는 빨간 장미가 제일입니다.

10 論文を準備するなら、この本を必ず参考にしてください。
논문을 준비한다면, 이 책을 반드시 참고로 해 주세요.

11 スポーツ中継を見るなら、ワイド画面がいいです。
스포츠 중계를 본다면, 와이드 화면이 좋습니다.

12 カバンを選ぶなら、丈夫なものがいいです。
가방을 고른다면, 튼튼한 것이 좋습니다.

단어힌트 🔍

빨간 장미	赤いバラ	참고로 하다	参考にする
와이드 화면	ワイド画面	튼튼하다	丈夫だ

(もし)私だったら、彼とは結婚しないでしょう。

1 (もし)私だったら、彼とは結婚しないでしょう。
(만약) 나라면, 그와는 결혼하지 않겠지요.

2 (もし)ここが韓国だったら、キムチはいくらでも食べられます。
(만약) 여기가 한국이라면, 김치는 얼마든지 먹을 수 있습니다.

3 (もし)明日出張だったら、旅行は中止します。
(만약) 내일 출장이라면, 여행은 중지하겠습니다.

4 (もし)私が金持ちだったら、大きい家に住むでしょう。
(만약) 내가 부자라면, 큰집에 살겠지요.

5 (もし)あした仕事だったら、早く寝たほうがいいでしょう。
(만약) 내일 일이 있다면, 빨리 자는 게 좋겠지요.

6 (もし)あなたが日本人だったら、約束を守ったでしょう。
(만약) 당신이 일본인이라면, 약속을 지켰겠지요.

 문형설명

「명사＋たら」는 「만약〜이라면」이라는 가정조건을 나타낸다.

7 (もし)あなたが父だったら、許してくれたでしょう。
(만약) 당신이 아버지였다면, 용서해 주었겠지요.

8 (もし)あなたが友だちだったら、私のそばにいてください。
(만약) 당신이 친구라면, 내 곁에 있어 주세요.

9 (もし)私があなただったら、泣かないでしょう。
(만약) 내가 당신이라면, 울지 않겠지요.

10 このクラブは独身だったら、だれでも入会できます。
이 클럽은 독신이라면, 누구라도 입회할 수 있습니다.

11 (もし)私だったら、大学に進学すると思います。
(만약) 나였다면, 대학에 진학할 거라고 생각합니다.

12 国会議員だったら、国民のための政治をしなければなりません。
국회의원이라면, 국민을 위한 정치를 해야 합니다.

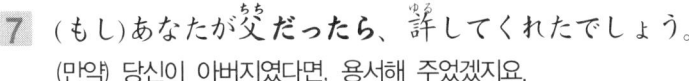

단어힌트

용서해 주다	許してくれる	옆·곁	そば
독신	独身	클럽	クラブ
입회	入会	진학하다	進学する
국회의원	国会議員		

第89課

第89課

先生に会ったら、よろしく伝えてください。

1 先生に会ったら、よろしく伝えてください。
　　선생님을 만나면, 안부전해 주세요.

2 (もし)金持ちになったら、貧しい人のためにも使ってください。
　　(만약) 부자가 된다면, 가난한 사람들을 위해서도 써주세요.

3 日本で道に迷ったら、この地図を見てください。
　　일본에서 길을 잃으면, 이 지도를 보세요.

4 (もし)中国に行ったら、ぜひ京劇を見てください。
　　(만약) 중국에 가면 꼭 경극을 보세요.

5 (もし)宝くじが当たったら、大きな家を買いたいです。
　　(만약) 복권이 당첨되면, 큰집을 사고 싶습니다.

6 ここでたばこを吸ったら、罰金を払います。
　　여기서 담배를 피우면, 벌금을 냅니다.

 문형설명

「동사＋たら」는 「만약～이라면」이라는 가정조건을 나타낸다.

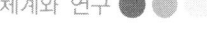

7 バスに乗ったら、多少遅れるかも知れません。
　버스를 타면, 다소 늦을지도 모릅니다.

8 インドに行ったら、牛肉を食べては行けません。
　인도에 가면, 쇠고기를 먹어서는 안 됩니다.

9 昼寝をしたら、疲れがすこしは取れるでしょう。
　낮잠을 잔다면, 피곤이 조금은 풀리겠지요.

10 実績があったら、昇進するかも知れません。
　실적이 있다면, 승진할지도 모릅니다.

11 雪が降ったら、この道路は大変込み合います。
　눈이 내리면, 이 도로는 굉장히 혼잡합니다.

12 (もし)私が興奮したら、あなたはきっと驚くでしょう。
　(만일) 내가 흥분하면, 당신은 필시 놀라겠지요.

단어힌트

다소	多少	인도	インド
쇠고기	牛肉	낮잠을 자다	昼寝をする
실적	実績	승진하다	昇進する
혼잡하다	込み合う・混む	흥분하다	興奮する
놀라다	驚く		

部屋が暗かったら、電気をつけてください。

1 部屋が暗かったら、電気をつけてください。
방안이 어둡다면, 전기를 켜 주세요.

2 天気が悪かったら、明日の運動会はできません。
날씨가 나쁘면, 내일 운동회는 못합니다.

3 みそ汁が薄かったら、塩を入れてください。
된장국이 싱겁다면, 소금을 넣어 주세요.

4 表情が明るかったら、よい印象を与えます。
표정이 밝다면, 좋은 인상을 줍니다.

5 お茶が苦かったら、砂糖を入れてください。
차가 쓰다면, 설탕을 넣어 주세요.

6 目が赤かったら、この目薬をさしてください。
눈이 빨갛다면, 이 안약을 넣어 주세요.

📘 문형설명

「形容詞＋たら」は仮定条件を表す。

甘い → 甘かったら 달다면, 달면
高い → 高かったら 높다면, 높으면
細い → 細かったら 가늘다면, 가늘면

7 お金が足りなかったら、買い物はできません。
돈이 부족하면, 쇼핑은 못합니다.

8 会社が遠かったら、近くに引っ越してください。
회사가 멀면, 가까운 곳으로 이사하세요.

9 生活が貧しかったら、貯金はできません。
생활이 가난하면, 저금은 못합니다.

10 くつのサイズが大きかったら、小さいのに替えてください。
구두 사이즈가 크면, 작은 것으로 바꾸세요.

11 両親が厳しかったら、外出は止めましょう。
부모님이 엄격하다면, 외출은 그만둡시다.

12 相手の背がもう少し高かったら、結婚したでしょう。
상대의 키가 조금 더 컸다면, 결혼했겠지요.

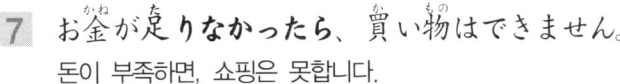

부족하다	足りない	가까운 곳으로	近くに
가난하다	貧しい	저금하다	貯金
바꾸다	替える	엄격하다	厳しい
외출	外出		

ひまだったら、映画でも見に行きませんか。

1 **ひまだったら、映画でも見に行きませんか。**
한가하다면, 영화라도 보러가지 않겠습니까?

2 **階段が不便だったら、エレベーターを利用してください。**
계단이 불편하다면, 엘리베이터를 이용하세요.

3 **A大学が駄目だったら、B大学に進みます。**
A대학이 안 되면, B대학에 진학할 겁니다.

4 **運転が不安だったら、私に任せてください。**
운전이 불안하다면, 제게 맡겨주세요.

5 **性格が活発だったら、この仕事がちょうどいいです。**
성격이 활발하다면, 이 일이 딱 좋습니다.

6 **英語が苦手だったら、フランス語でもいいです。**
영어가 서투르면, 프랑스어라도 괜찮습니다.

문형설명

「ナ形容詞＋たら」는 가정조건을 나타낸다.

活発だ	→ 活発だったら	활발하다면
不安だ	→ 不安だったら	불안하다면
不便だ	→ 不便だったら	불편하다면

7 父が元気だったら、一緒に旅行したいです。
아버지가 건강하다면, 함께 여행하고 싶습니다.

8 この辺りが静かだったら、いつでも引っ越ししたいです。
이 부근이 조용하다면, 언제라도 이사하고 싶습니다.

9 運転が未熟だったら、しないほうがいいです。
운전이 미숙하다면, 하지 않는 것이 좋습니다.

10 世界が平和だったら、戦争は起きません。
세계가 평화롭다면, 전쟁은 일어나지 않습니다.

11 もし英語が上手だったら、通訳をお願いしたいですが。
혹시 영어가 능숙하다면, 통역을 부탁하고 싶은데요.

12 残業が無理だったら、しなくてもいいです。
잔업이 무리라면, 하지 않아도 좋습니다.

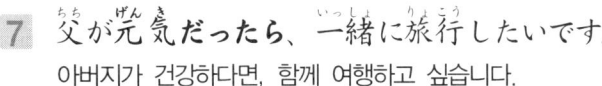
단어힌트 🔍

미숙하다	未熟だ	평화롭다	平和だ
통역	通訳	무리다	無理だ

家に帰ったら、まず手を洗います。

1　家に帰ったら、まず手を洗います。
집에 돌아오면, 우선 손을 씻습니다.

2　私は高校を卒業したら、就職するつもりです。
나는 고교를 졸업하면, 취직할 생각입니다.

3　掃除が終わったら、食事の用意をします。
청소가 끝나면, 식사 준비를 합니다.

4　友だちが来たら、パーティーをはじめましょう。
친구가 오면, 파티를 시작합시다.

5　退院したら、軽い運動をするつもりです。
퇴원하면, 가벼운 운동을 할 생각입니다.

6　朝起きたら、まず新聞を読みます。
아침에 일어나면, 우선 신문을 읽습니다.

문형설명

「동사＋たら」는 동시적 또는 지속적으로 일어나는 일을 나타낸다

来る	→ 来たら	오면
起きる	→ 起きたら	일어나면
入学する	→ 入学したら	입학하면

7 授業が終わったら、すぐ家に帰ります。

수업이 끝나면, 곧 집에 돌아갑니다.

8 歯を磨いたら、顔も洗いたくなります。

이를 닦으면, 얼굴도 씻고 싶어집니다.

9 大学に入ったら、バイトをするつもりです。

대학에 들어가면, 아르바이트를 할 생각입니다.

10 先生がいらっしゃったら、その時乾杯しましょう。

선생님이 오시면, 그때 건배합시다.

11 発表が全部終わったら、順番に質問してください。

발표가 전부 끝나면, 순서대로 질문해 주세요.

12 お酒を飲んだら、次の日はいつも頭が痛いです。

술을 마시면, 다음 날은 항상 머리가 아픕니다.

단어힌트 🔍

이를 닦다	歯を磨く	건배하다	乾杯する
순서대로	順番に		

(もし)交通が不便ならば、移動時間がかなりかかるでしょう。

1 (もし)交通が不便ならば、移動時間がかなりかかるでしょう。

(만일) 교통이 불편하다면, 이동시간이 꽤 걸리겠지요.

2 (もし)この書類が大切ならば、コピーしておいてください。

(만일) 이 서류가 중요하다면, 복사해 두세요.

3 (もし)英語が下手ならば、アメリカへの留学は無理です。

(만일) 영어가 서툴다면, 미국 유학은 무리입니다.

4 (もし)お金が必要ならば、だれでも働くと思います。

(만일) 돈이 필요하다면, 누구라도 일 할 거라고 생각합니다.

5 (もし)修学旅行がだめならば、学生だちはがっかりするでしょう。

(만일) 수학여행을 못 간다면, 학생들은 실망하겠지요.

6 (もし)数学が苦手ならば、理科の点数も悪いでしょう。

(만일) 수학을 잘 못하면, 이과 점수도 나쁘겠지요.

문형설명

「ナ形容詞＋ば」는 전반부의 일이 성립되면, 후반부의 일도 자연히 성립된다는 것을 나타낸다.

不便だ → 不便ならば 불편하다면
新鮮だ → 新鮮ならば 신선하다면
元気だ → 元気ならば 건강하다면

7 テニスが上手ならば、国際大会にも出られます。
테니스를 잘하면, 국제대회에도 나갈 수 있습니다.

8 ケーキが好きならば、甘いおかしも好きでしょう。
케이크를 좋아하면, 단 과자도 좋아하겠지요.

9 夫婦が円満ならば、離婚などはしません。
부부가 원만하다면, 이혼 따위는 하지 않습니다.

10 あの人が素敵ならば、一度会ってみたいです。
그 사람이 멋지다면, 한번 만나보고 싶습니다.

11 両親が元気ならば、家族みんなはうれしいでしょう。
부모님이 건강하다면, 가족 모두는 기쁘겠지요.

12 契約がだめならば、今月の引っ越しは無理です。
계약이 안 되면, 이번 달 이사는 무리입니다.

단어힌트 🔍

국제대회	国際大会	나갈 수 있다	出られる
원만하다	円満だ	계약	契約

私は弟とけんかして、母に叱られました。

1 私は弟とけんかして、母に叱られました。
나는 남동생과 싸워서, 엄마에게 야단맞았습니다.

2 私は先生からパーティーに招待されました。
나는 선생님께 파티에 초대받았습니다.

3 私は家内にお土産を頼まれました。
나는 아내에게 선물을 부탁 받았습니다.

4 私は知らない人から道を聞かれました。
나는 모르는 사람에게 길을 질문 받았습니다.

5 山田先生はみんなに尊敬されています。
야마다 선생님은 모두에게 존경받고 있습니다.

6 朴さんは同窓会の会長に選ばれました。
박씨는 동창회 회장으로 선출되었습니다.

🗂️ 문형설명

「동사의 수동」은 동작의 주체가 직접 작용을 받는 표현이다.

招待する	→ 招待される	초대받다
選ぶ	→ 選ばれる	선출되다
叱る	→ 叱られる	야단맞다

7 　私はトムに英語を教えられました。

나는 톰에게 영어를 배웠습니다.

8 　私は宿題をしなくて、先生に叱られました。

나는 숙제를 안 해서, 선생님께 야단 맞았습니다.

9 　名前を呼ばれた人は、大きな声で答えてください。

이름을 불린 사람은, 큰 소리로 대답해 주세요.

10 　私は山田さんに食事に招待されました。

나는 야마다씨에게 식사에 초대받았습니다.

11 　成績が上がって、先生にほめられました。

성적이 올라서, 선생님께 칭찬받았습니다.

12 　子供はお母さんに病院に連れられて行きました。

아이는 엄마에게 병원에 끌려갔습니다.

단어힌트

불리다	呼ばれる	초대받다	招待される
칭찬받다	ほめられる	끌려가다	連れられて行く

私は地下鉄の中で、財布をすられました。

1 私は地下鉄の中で、財布をすられました。

나는 지하철 안에서 지갑을 소매치기 당했습니다.

2 娘は満員電車で、足を踏まれました。

딸은 만원전차에서 발을 밟혔습니다.

3 私は強盗に手足を縛られました。

나는 강도에게 손발을 포박 당했습니다.

4 妹は母に日記を読まれました。

여동생은 엄마에게 일기를 읽혔습니다.

5 父は母にへそくりをみつけられました。

아버지는 어머니에게 비상금을 들켰습니다.

6 蚊に手を刺されて、とてもかゆいです。

모기에게 손을 물려서, 굉장히 가렵습니다.

문형설명

「～に～を＋られる（れる）타동사」는 동작 주체자의 한 부분이나 소유물이 수동의 대상이 되는 표현이다.

盗む → 盗まれる　도둑맞다

縛る → 縛られる　묶이다

読む → 読まれる　읽히다

7 患者は注射を打たれて、やっと眠れました。

환자는 주사를 맞고, 겨우 잠들었습니다.

8 私は犬に足を咬まれました。

나는 개에게 다리를 물렸습니다.

9 犯人は警察に手を縛られました。

범인은 경찰에게 손을 포박 당했습니다.

10 Aチームはチームにホームランを打たれました。

A팀은 B팀에게 홈런을 맞았습니다.

11 私は猫にお菓子を取られました。

나는 고양이에게 과자를 빼앗겼습니다.

12 私はどろぼうに宝石を盗まれました。

나는 도둑에게 보석을 도둑맞았습니다.

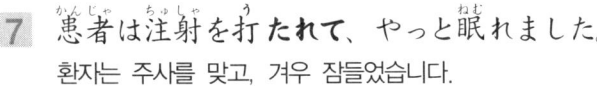
단어힌트

환자	患者	주사를 맞다	注射を打たれる
물리다	咬まれる (모기에게 물린 경우 「刺される」)		
포박 당하다	縛られる	도둑	どろぼう
보석	宝石	도둑맞다	盗まれる

急に雨に降られて、試合は中止になりました。

1 急に雨に降られて、試合は中止になりました。
갑자기 비가 내려서, 시합은 중지되었습니다.

2 夜中に子供に泣かれて、眠れませんでした。
밤중에 아이가 울어서, 잘 수가 없었습니다.

3 小さい時、両親に死なれて、たいへん苦労しました。
어릴 때 부모님이 돌아가셔서, 굉장히 고생했습니다.

4 夜中にどろぼうに入られて、恐かったです。
한밤중에 도둑이 들어서, 무서웠습니다.

5 急に雪に降られて、高速道路は通行止めになりましな。
갑자기 눈이 내려서, 고속도로는 통행금지가 되었습니다.

6 忙しいとき、お客に来られて困りました。
바쁠 때, 손님이 찾아와서 곤란했습니다.

📄 **문형설명**

「동사れる(られる)」의 수동은 피해를 입은 의미로 동사는 자동사가 온다.

7 雨に降られて、洗濯物が全部ぬれました。
비가 내려서, 빨래가 모두 젖었습니다.

8 娘は恋人にふられて、一日中泣いています。
딸은 애인에게 채여서, 하루 종일 울고 있습니다.

9 猫に入られて、かびんを倒してしまいました。
고양이가 들어와서, 꽃병을 쓰러뜨려 버렸습니다.

10 前の車に急に止まられて、事故になりました。
앞차가 갑자기 서서, 사고가 났습니다.

11 交通事故に遭われて、約束の時間に遅れてしまいました。
교통사고를 만나서, 약속 시간에 늦어버렸습니다.

12 急に出張に行かれて、家族旅行は取り消しになりました。
갑자기 출장을 가게 되어, 가족여행은 취소되었습니다.

단어힌트 🔍

빨래	洗濯物	젖다	ぬれる
취소되다	取り消しになる · 取り消しされる	꽃병	かびん
쓰러뜨리다	倒す	(사고를)만나다	遭う

これが学生たちにたくさん読まれている本です。

1 これが学生たちにたくさん読まれている本です。

이것이 학생들에게 많이 읽혀지고 있는 책입니다.

2 この雑誌はフランス語で書かれています。

이 잡지는 프랑스어로 쓰여져 있습니다.

3 市内に次々と新しい建物が建てられています。

시내에 속속 새 건물이 세워지고 있습니다.

4 電気はいろいろなところで使われています。

전기는 다양한 곳에서 사용되고 있습니다.

5 A大学でシンポジウムが開かれました。

A대학에서 심포지엄이 열렸습니다.

6 運動場で卒業式が行われています。

운동장에서 졸업식이 거행되고 있습니다.

문형설명

「무생물」의 수동을 나타낸다.

建てる	→ 建てられる	세워지다
開く	→ 開かれる	열리다
行う	→ 行われる	거행되다

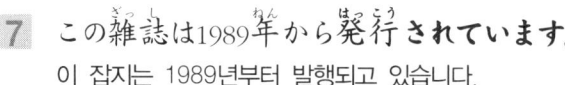

7 この雑誌は1989年から発行されています。

이 잡지는 1989년부터 발행되고 있습니다.

8 あの建物はいつ建てられましたか。

저 건물은 언제 세워졌습니까?

9 教室にゴミが捨てられています。

교실에 쓰레기가 버려져 있습니다.

10 図書館は多くの市民に利用されています。

도서관은 많은 시민에게 이용되고 있습니다.

11 韓国は三面が海に囲まれています。

한국은 삼면이 바다로 둘러 쌓여 있습니다.

12 英語は世界の多くの国で使われています。

영어는 세계의 많은 나라에서 사용되고 있습니다.

단어힌트

발행되다	発行される	이용되다	利用される
삼면	三面	둘러 쌓이다	囲まれる

母は妹を買い物に行かせました。

1 母は妹を買い物に行かせました。
엄마는 여동생을 쇼핑가게 했습니다.

2 先生は学生を一列に並ばせました。
선생님은 학생을 일렬로 세웠습니다.

3 先生は花子さんを食堂に来させました。
선생님은 하나코씨를 식당으로 오게 했습니다.

4 母は毎日私を朝7時から走らせます。
엄마는 매일 나를 아침 7시부터 달리게 합니다.

5 医者は患者を毎日30分ずつ運動させます。
의사는 환자를 매일 30분 씩 운동시킵니다.

6 会社は社員を毎日残業させます。
회사는 사원을 매일 잔업을 시킵니다.

📁 문형설명

「〜は〜を〜させる（せる）」는 자동사의 사역 표현이다.

行く   → 行かせる   가게 하다
起こす   → 起こさせる   깨우다
運動する → 運動させる   운동시키다

7 母は子供を9時前に必ず寝させます。

엄마는 아이를 9시전에 반드시 재웁니다.

8 先生は学生をいすに座らせました。

선생님은 학생을 의자에 앉혔습니다.

9 兄は弟の頭をたたいて、弟を泣かせました。

형은 동생의 머리를 때려서, 동생을 울렸습니다.

10 先生は風邪をひいた学生を家に帰らせました。

선생님은 감기에 걸린 학생을 집으로 귀가시켰습니다.

11 母はケーキを作って、子供たちを喜ばせました。

엄마는 케이크를 만들어, 아이들을 기쁘게 했습니다.

12 田中さんはいつも楽しくみんなを笑わせます。

다나카씨는 늘 즐겁게 모두를 웃깁니다.

단어힌트

재우다	寝させる	앉히다	座らせる
귀가시키다	帰らせる	웃기다	笑わせる

母は子供に窓を開けさせました。

1 母は子供に窓を開けさせました。
어머니는 아이에게 창문을 열게 했습니다.

2 先生は私たちに英語の単語を覚えさせます。
선생님은 우리들에게 영어 단어를 외우게 합니다.

3 私は友だちに英語の宿題をさせました。
나는 친구에게 영어 숙제를 시켰습니다.

4 父は小さいころから私に新聞を読ませました。
아버지는 어릴 적부터 나에게 신문을 읽혔습니다.

5 田中さんに仕事を続けさせるのは無理です。
다나카씨에게 일을 계속 시키는 것은 무리입니다.

6 コーチは選手に3時間ずつ、練習させています。
코치는 선수에게 3시간 씩 연습시키고 있습니다.

📁 문형설명

「~は~に~をさせる(せる)」는 타동사의 사역 표현이다.

開ける	→ 開けさせる	열게 하다
覚える	→ 覚えさせる	외우게 하다
読む	→ 読ませる	읽게하다

7 母は弟に毎日ミルクを飲ませます。
엄마는 남동생에게 매일 우유를 마시게 합니다.

8 課長は私に電気をつけさせます。
과장님은 나에게 전기를 켜게 했습니다.

9 李さんは私に電話をかけさせました。
이씨는 나에게 전화를 걸게 했습니다.

10 父は子供にサッカーを習わせました。
아버지는 아이에게 축구를 배우게 했습니다.

11 友だちは私に酒をたくさん飲ませました。
친구는 나에게 술을 많이 먹였습니다.

12 先生は学生に教室のそうじをさせました。
선생님은 학생에게 교실 청소를 시켰습니다.

단어힌트 🔍

축구 サッカー	배우다 習う

私は友だちに歌を歌わせられました。

1 私は友だちに歌を歌わせられました。

나는 친구의 말에 따라 노래를 불렀습니다.

2 私は母にスーパーへ買い物に行かせられました。

나는 엄마의 말씀에 따라 슈퍼로 쇼핑을 갔습니다.

3 私は課長にお酒を飲ませられました。

나는 과장님의 말씀에 따라 술을 마셨습니다.

4 子供は母に音楽の勉強をさせられました。

아이는 엄마의 말씀에 따라 음악공부를 했습니다.

5 私は部長に引っ越しを手伝わせられました。

나는 부장님의 말씀에 따라 이사를 도왔습니다.

6 上野さんは医者にタバコを止めさせられました。

우에노씨는 의사의 지시에 따라 담배를 끊었습니다.

문형설명

「～は～に～をさせられる(せられる)」는 사역수동의 표현으로, 동작주체가 원하지 않는데, 억지로(할 수 없이) 하게 되었음을 표현한다.

歌う　→　歌わせられる　　(억지로)노래를 부르다
飲む　→　飲ませられる　　(억지로)마시다
手伝う　→　手伝わせられる　(억지로)돕다

7 私は先輩に美術部に入らせられました。

나는 선배의 권유에 따라 미술부에 들었습니다.

8 花子さんは釜さんに辛いキムチを食べさせられました。

하나코씨는 김씨의 권유로 매운 김치를 먹었습니다.

9 父は母に一ヶ月間入院させられました。

아버지는 어머니의 말씀에 따라 일 개월 간 입원했습니다.

10 忘年会で私は友だちに踊らせられました。

망년회에서 나는 친구의 말에 따라 춤을 추웠습니다.

11 私は社長に会社を辞めさせられました。

나는 사장의 명령에 따라 회사를 그만두었습니다.

12 学生は先生にひらがなを50回も書かせられました。

학생은 선생님의 말씀에 따라 히라가나를 50번이나 썼습니다.

단어힌트

선배	先輩	미술부	美術部
망년회	忘年会	(억지로)춤추다	踊らせられる

김정미

동국대학교 졸업
日本 同志社大学 석·박사 졸업
문학박사
현, 세명대 일본어학과 교수

【저서】
일본어연구 (불이문화사)
일본어 문형 통달하기 Ⅰ (현학사)
만사형통 비즈니스 일본어 (김영사)

【역서】
일본대표 단편선 Ⅰ·Ⅱ·Ⅲ (全 3권, 고려원)
후미코의 발·소녀병 (차이나하우스)

일본어문형 체계와 연구

초판인쇄 2009년 8월 3일
초판발행 2009년 8월 14일

저자 김정미
발행인 윤석원
발행처 제이앤씨
등록번호 제7-220

주소 서울시 도봉구 창동 624-1 현대홈시티 102-1206
전화 (02) 992 / 3253
팩스 (02) 991 / 1285
홈페이지 http://www.jncbook.co.kr / 제이앤씨북
전자우편 jncbook@hanmail.net
책임편집 조성희

ISBN 978-89-5668-732-2 03730   정가 12,000원